I0377799

www.ingramcontent.com/pod-product-compliance
Lightning Source LLC
Chambersburg PA
CBHW081346070526
44578CB00005B/738
* 9 7 8 1 9 8 9 8 8 0 2 6 5 *

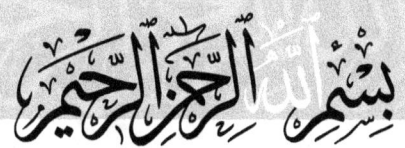

بسم الله الرحمن الرحيم

تقدیم به ....

از طرف ....

سرزمین خوش‌بینی

گام به گام تا خشنودی پایدار

سریال کتاب: 21-3-5-4-11-0023

سرشناسه :ستایش ۲۰۲۱

عنوان: سرزمین خوشبینی

زیرنویس عنوان: گام به گام تا خوشنودی پایدار

نویسنده: احمد ستایش

مشخصات نشریه در ایران: نشر تعالی، تهران

شابک کانادا: ISBN (978-1-989880-26-5)

موضوع: خودشناسی

متا دیتا: Positive Attitude, Self Help, Psychology

مشخصات کتاب: سایز ۷ X ۱۰ اینچ

تعداد صفحات: ۱۴۸

تاریخ نشر در کانادا: جون ۲۰۲۱

تاریخ نشر اولیه: ۱۳۹۴

Kidsocado Publishing House

خانه انتشارات کیدزوکادو

ونکوور، کانادا

تلفن: +۱ (۸۳۳) ۶۳۳ ۸۶۵۴

واتس آپ: +۱ (۲۳۶) ۳۳۳ ۷۲۴۸

ایمیل info@kidsocadopublishinghouse.com

وبسایت https://kidsocadopublishinghouse.com

سلام هم زبان

دستیابی ایرانیان مقیم خارج از کشور به کتاب های بسیار متنوع و جدیدی که به تازگی در ایران نگاشته و چاپ می شود، محدود است. ما قصد داریم این خدمت را به فارسی زبانان دنیا هدیه دهیم تا آنها بتوانند مانند شما با یک کلیک در آمازون یا دیگر انتشارات آنلاین کتاب هایی در زمینه های مختلف را خریداری کنند و درب منزل تحویل بگیرند.

خانه انتشارات کیدزوکادو تحت حمایت مجموعه آموزشی کیدزوکادو این افتخار را دارد تا برای اولین بار کتاب های با ارزش فارسی را که با زبان فارسی نگارش شده است از شرکت های انتشاراتی بزرگ آن لاین مانند آمازون و ایی بی بارنز اند نابل و هم چنین وبسایت خود انتشارات در اختیار ایرانیان مقیم خارج از ایران قرار دهد.

از اینکه توانستیم کتابهای جدید و با ارزشی که به قلم عالی نویسنده گان و نخبگان خوب ایرانی نگاشته شده است را در اختیار شما قرار دهیم بسیار احساس رضایتمندی داریم

این کتاب ها تحت اجازه مستقیم نویسنده و یا انتشارات کتاب صورت گرفته و درآمد حاصله بعد از کسر هزینه ها، به نویسنده پرداخته می شود.

خانه انتشارات کیدزوکادو در قبال مطالب داخل کتاب هیچگونه مسئولیتی ندارد و صرفاً به عنوان یک پخش کننده است.

و شما خواننده عزیز ما را با گذاشتن نظرات در وب سایتی که کتاب را تهیه کرده اید به این کار فرهنگی دلگرمتر کنید.

سرزمین خوشبینی، کتابی ساده امّا کاملاً کاربردی است که هر انسانی که به خوشنودی پایدار می اندیشد می تواند از آن بهره ببرد. احمد ستایش عزیز در این کتاب هنر خود را در ساده و کاربردی سازی به نمایش گذاشته است ...

محمد پیام بهرام پور

زمستان ۱۳۹۴

تقدیم به

همسنگرم که در تمام روزهای سخت و مشکلات،
همواره سنگر را ترک نکرد.

تقدیم به

همسفرم که در تمام مراحل این مسیر زیبا
همیشه در کنارم بود.

تقدیم به

فرشته آسمانی که وجودش برای من
بزرگترین موهبت الهی بود، دختر عزیزم زهرا که
در مدت نگارش این کتاب تمام کم بودن‌هایم را
با جان و دل تحمل کرد.

گارانتی این کتاب

این کتاب دارای تضمینی است برای
غلبه بر افکار بدبینانه و رسیدن به رضایت و خشنودی پایدار...
بنابراین، کسانی که پس از مطالعه این کتاب
و انجام تمامی تمرینات آن، احساس کردند که
هیچ تأثیری در روند زندگیشان ایجاد نشده
و افکار منفی، کماکان در ذهن‌شان جای دارد،
می‌توانند با مراجعه به سایت ما و پر کردن
فرم مخصوص عودت کتاب، وجه خود را دریافت نمایند.
در این کتاب سعی شده است به جای این که
کتاب قطور و مطالب پیچیده ارائه شود
محتوا بسیار ساده، روان و همراه با استعاره
و تشبیه ملموس بیان شود.
و از آن جایی که ما معتقدیم خوش‌بینی بهتر است از
کودکی آموزش داده شود،
این کتاب به‌گونه‌ای طراحی شده که حتی
برای کودکان نیز قابل درک و اجراست.

سرزمین
خوش‌بینی

قبل از خوش‌بینی به سادگی آب خوردن 11
یک نکته مهم قبل از شروع 15

گام اول: شناخت 17
برگی از کتاب از خوش‌بینی تا خوشنودی 21
خوش‌بینی را بیشتر بشناسیم 21
درماندگی آموخته شده 24
نقش خوش‌بینی در بهبود زندگی شما 26
شناسایی افکار بدبینانه 28
تفاوت دو دیدگاه 30
اولین حرکت: 31
تقدیر یا تقصیر؟ 33

زیبای خفته ذهن‌تان را بیدار کنید 37
دوست دارید ذهن شما خانه کدام‌یک از این‌ها باشد؟ 39
راهروی مخصوص 41
چگونه زیبای خفته خود را پیدا کنیم؟ 44
دیدن رژه زیبای خفته، حال‌تان را خوب می‌کند 48
کمپ بازیابی 50

گام دوم: پیش نیاز- توشه راه 53
اضطراب 56
پرسش‌نامه خودسنجی 57
ساده اما هلو 60
افسردگی 66
آزمون CES-D 66
نمره گذاری 72

خشم	74
جنس خشم	80
ایستگاه خودسنجی	83

گام سوم: در کمپ چه خبر است؟ 85

شما مجهز هستید	87
غل و زنجیر لازم است	88
مشخصات کلی گرگ‌ها	89
آنچه را باید اصلاح کرد	91
فراگیر: (جزء در برابر کل): یک توضیح کلی برای شکست‌ها	94
شخصی: (درونی در برابر بیرونی)	96
گرگ‌ها مامور می‌شوند تا ...	98
وضعیت زرد	101
وقتی آژیر به صدا درمی‌آید	103
چشمه سحرآمیز	105
قدرتمند اما عجیب	107
ریموت خوش‌بینی	110
چگونه ریموت کنترل افکارمان را در دست بگیریم؟	111
چگونه ریموت خوش‌بینی خود را پیدا کنیم؟	112
بازجویی از گرگ‌ها	113

گام چهارم: ناقوس جنگ 119

چرا جنگ؟	121
اردوگاه	126
مبارزه	129
گرگ‌ها را گیاه‌خوار کنید	132

گام پنجم: جشن پیروزی 135

ملزومات شادی	137
بگو سیب	139

و اما ...	141
به برکت حضورشان این کتاب را نوشتم:	144

قبل از خوش‌بینی

به سادگی آب خوردن

تقریباً تعداد زیادی از افرادی که جهت مشاوره به دفترم مراجعه داشتند، از پیچیدگی و قابل درک نبودن کتاب‌هایی که در زمینه روان‌شناسی مطالعه می‌کردند شاکی بودند، و گاهی در مشاوره‌ها هم کاملاً مشهود بود.

این موضوع جزء دغدغه من شده بود تا این که تصمیم گرفتم مطالب کاربردی روان‌شناسی خوش‌بینی را به زبانی بسیار ساده و در قالب یک سری بازی‌هایی ارائه کنم، تا علاوه بر قابل درک بودن برای عموم افراد، بسیار تأثیرگذار، کاربردی و همچنین پایدارتر باشد.

با مطالعه این کتاب به این قضیه پی خواهید برد که شما همواره حاکم مطلق سرزمین وسیع و پهناوری هستید و یاد خواهید گرفت که چگونه بر این سرزمین حکومت کنید تا با اقتدار، سلطنتی پایدار داشته باشید.

نگارش این کتاب به گونه‌ای است که شما به سادگی می‌توانید با آموختن تکنیک‌هایی ویژه، بسیار خوش‌بینانه بر ذهن خود حکومت کنید و از شر افکار بدبینانه و منفی رها شوید.

اما به راستی فقط یاد گرفتن کافی است؟ مسلماً خیر. تمرین و جدیت، شرط موفقیت در این کار است.

این امر دقیقاً مثل این است که شما تشنه باشید، جای آب و نحوه ریختن آب در لیوان را بدانید، اما به هر دلیلی اقدام به این کار نکنید. نتیجه چه خواهد بود؟ آسیبی که از تشنگی به شما وارد می‌شود بسیار زیاد است. همیشه هر

کار ساده‌ای را به سادگی خوردن آب تشبیه می‌کنند، اما می‌بینید که این کار ساده هم نیاز به حرکت و اراده دارد.

بنابراین توصیه بنده این است که تمام تمرینات را با علاقه و جدیت پیگیری کنید تا به امید خداوند مهربان، سرزمینی را اداره کنید که خوشنودیش تمام وجودتان را فرا گیرد.

سهم شما از این کتاب

بنده معتقدم که شما حاکم مطلق سرزمین ذهن خود هستید و باید حاکمی لایق باشید و بمانید. به این دلیل ذهن را سرزمین می‌دانم که هر آنچه که در جستجوی آن باشید در آن خواهید یافت و هر گونه تغییراتی اگر قرار است انجام شود باید این تغییر در ذهن شما رخ دهد.

دنیای شما همانی است که در ذهن شما جای دارد. پس هر چه ذهن زیباتری داشته باشید، دنیای زیباتری خواهید داشت.

خوش‌بینی به ما خواهد آموخت چگونه ذهنی زیبا داشته باشیم تا دنیایی زیبا و زیباتر بسازیم.

خوشنودی و رضایت از زندگی حق شماست و خوشحالم که با ارائه این کتاب، شما را برای رسیدن به این حق همراهی می‌کنم.

احمد ستایش

زمستان ۹۴

یک نکته مهم قبل از شروع

کلیه تست‌های موجود در این کتاب را می‌توانید از سایت و از طریق لینک‌های ارائه شده در هر قسمت، به‌صورت آنلاین انجام دهید، اما برای سهولت کار و این احتمال که اینترنت در دسترس شما نباشد، در کتاب نیز ارائه شده است.

مزیت تست آنلاین: با انجام تست آنلاین و در صورت دریافت نتایج مطلوب می‌توانید از هدایا و جوایز مجموعه خوش‌بینی بهره‌مند شوید.

گام اول: شناخت

همان گونه که می‌دانید، برای پذیرفتن هر موضوعی، در ابتدا باید اول آن را بشناسیم. در اینجا از شما توقع ندارم که بدون شناخت، خوش‌بینی را بپذیرید. در این کتاب، تمام سعی و تلاش خود را کرده‌ام تا راه را برای شما هموارتر کنم.

یادم می‌آید زمانی که در دوره راهنمایی درس می‌خواندم، از کتاب‌های گام‌به‌گام استفاده می‌کردم و همیشه یک گام از درس‌های معلم جلوتر بودم. من هیچ‌وقت از کتاب‌های حل‌المسائل استفاده نکردم و اصلاً دوستش نداشتم. می‌دانید چرا؟

چون آدم را تنبل بار می‌آورد. هیچ‌وقت به دنبال یاد گرفتن و پیدا کردن راه حل نخواهد رفت. گاهی که صورت مسئله تغییر می‌کرد، تمرکز فرد به هم می‌خورد و گیج می‌شد.

به عقیده من هر شخص برای حل مشکلات خود باید به دنبال ریشه مشکل بوده و به رفع آن از پایه و اساس و ریشه‌کن کردن آن اقدام کند.

بسیار خوشحالم، هم از این بابت که شما جزء افراد توانمند محسوب می‌شوید، به‌واسطه این که تصمیم گرفته‌اید تا ریشه مشکلات را بخشکانید و هم از این که این کتاب، را برای این حرکت بزرگ، انتخاب کرده‌اید.

در ادامه، برای آشنایی بیشتر با خوش‌بینی، شما را به بخشی از کتاب اولم با عنوان (از خوش‌بینی تا خوشنودی)، ارجاع می‌دهم.

۱۹

برگی از کتاب از خوش‌بینی تا خوشنودی

خوش‌بینی را بیشتر بشناسیم

قبل از این که بخواهیم مباحث را شروع کنیم، بهتر است که بیشتر در مورد خوش‌بینی بدانیم و ببینیم آیا ما تعریف و تعبیر درستی از خوش‌بینی در ذهن داریم یا خیر؟

خیلی از افراد بر این تصور هستند که، خوش‌بینی در واقع این است که یک سری کلمات و جملات مثبت را به خود تلقین کنیم، که البته اگر نتیجه این تفکر را بررسی کنیم متوجه خواهیم شد که گاهی اصلاً تأثیری در روند زندگی ما ندارد و گاهی تأثیرات بسیار کمی قابل مشاهده است.

بر خلاف تصور این افراد، بیایید این گونه به خوش‌بینی نگاه کنیم که خوش‌بینی صرفاً بازی با کلمات یا به‌عبارتی فریب دادن خودتان نیست. ما به واسطه خوش‌بینی یاد می‌گیریم در زمان مواجه شدن با یک شکست، چگونه برخورد کنیم و از چه عبارات و تعابیری در مورد خودمان استفاده نکنیم.

ما یاد می‌گیریم که وقتی با مشکلی مواجه شدیم، علاوه بر پذیرفتن آن مشکل، در مورد آن موضوع تفکر و بررسی کرده و در نهایت با آن مشکل برخورد کنیم، نه این که بخواهیم صورت مسأله را با جملات مثبت پاک کنیم. چرا که همان‌گونه که گفتیم، با این کار، شاید به‌صورت موقت بتوانیم خود

را آرام کنیم، اما در صورت بروز مجدد آن مشکل، با شدت بیشتری آسیب خواهیم دید.

مثلاً اگر اتفاق ناگواری رخ داد به جای این که بگوییم، "من آدم بدشانسی هستم و همیشه اتفاقات بد سهم من است"، و یا این که سعی کنیم مثل بازنده‌ها رفتار کنیم و خود را مورد سرزنش قرار دهیم، با تفکر سازنده و خوش‌بینانه به خود بگوییم: "درست است که این اتفاق برای من رخ داده، اما دنیا که به آخر نرسیده است، من یقین دارم که می‌توانم از پس آن بر بیایم، اصلاً شاید به صلاح من است که این اتفاق برای من رخ داده است."

آقای پروفسور مارتین سلیگمن در این مورد می‌گوید: "من وقایع را به چشم موفقیت، و شکست‌ها را به دیده کنترل شخصی نگاه می‌کنم."

به‌عبارتی هنگام شکست، با صبر و شکیبایی، آن را جزئی از زندگی خود بدانیم و از آن نترسیم و با افکار منفی باعث آزار خود نشویم.

در واقع خوش‌بینی نوعی نگرش مثبت است به جهان اطراف و مسائلی که به‌صورت روزمره در زندگی افراد رخ می‌دهد.

افراد خوش‌بین با توجه به این که می‌دانند مشکلات وجود دارند و هیچ زندگی کامل و بدون مشکل نیست، اما همیشه با در نظر گرفتن جنبه مثبت قضایا، سعی در رفع مشکل و بهبود وضعیت موجود و امید به تضمین آینده دارند.

تا به حال، عبارت پرکاربرد (نیمه پر و خالی لیوان) را زیاد شنیده‌اید. اما تا به حال به آن فکر کرده‌اید که به چه معناست؟

تصور کنید با یکی از دوستان خود به رستوران رفته‌اید. پیشخدمت در حالی که لیوان را تا نیمه از نوشابه پر کرده است به سمت میز شما می‌آید.

دوست شما ابراز ناراحتی کرده و یا می‌گوید لیوان خالی است یا می‌گوید لیوان نیمه خالی است.

اما شما می‌گویید، اشتباه می‌کنی لیوان نیمه پر است.

تفاوت پاسخ شما در این است که شما از زاویه مثبت به قضایا نگاه می‌کنید و به عبارتی خوش‌بین هستید.

افراد خوش‌بین، علاوه بر نیمه پر، نیمه خالی لیوان را هم می‌بینند. دو حالت را در نظر می‌گیریم و هر دو حالت را بر اساس تعریفی که از خوش‌بینی و افراد خوش‌بین داشتیم، مورد بررسی قرار می‌دهیم:

◄ **حالت اول:** نیمه خالی را می‌پذیرند، اما از نیمه پر به حداکثر استفاده را می‌کنند.

در این حالت، شخص با پذیرفتن مشکل با این نگرش که شاید به صلاح من بوده که این مورد رخ داده است، با استفاده از تفکر و دیدگاه مثبت و قانون سپاس به کار خود ادامه خواهد داد.

◄ **حالت دوم:** نیمه خالی را می‌پذیرند اما تلاش در پر کردن آن خواهند داشت.

در این حالت، شخص ضمن پذیرفتن حالت اول، دائماً در پی بررسی علت به وجود آمدن این مشکل و دستیابی به بهترین نحوه برخورد با آن خواهد بود. به‌عبارتی شخص بررسی و تلاش می‌کند که چگونه نیمه خالی را نیز پر کند.

خوش‌بینی معتقد است که در نهایت، خوبی بر بدی غلبه می‌کند و همیشه انتظار وضعیتی بهتر را دارد و جهان موجود بهترین جهان ممکن است.

خوش‌بینی یک شکل از تفکر مثبت و بر این اعتقاد است که شما خودتان مسئول خوشبختی خود هستید و همه چیز خوب است، خوب خواهد ماند و در آینده نیز خوب اتفاق خواهد افتاد.

در نهایت، خوش‌بین‌ها بر این باورند که حوادث بد یا منفی، رخدادهای نادر هستند که اگر هم رخ دهند، تقصیر آن‌ها نیست.

درست است که خوش‌بینی مزایای بسیاری برای ما دارد و موجب موفقیت

و رضایت در زندگی ما می‌شود، اما باید توجه داشته باشید که خوش‌بینی بیش از حد و بدون ارزیابی درست که ما را از واقعیت زندگی دور می‌کند، باعث بروز بیماری «شیدایی» در ما خواهد شد.

شیدایی یا (مانیا)، دقیقاً عکس حالت افسردگی است، در شیدایی، فرد دارای انرژی و خُلق بسیار بالایی است. از جمله علائم این بیماری می‌توان از سرخوشی، پرکاری، خوش‌بینی افراطی، عقاید خودمهم‌انگاری، خُلق بالا به‌صورت شادی را نام برد.

البته ممکن است در طول روز، خُلق فرد تغییر کند، به گونه‌ای که صبح شاد و پرکار و شب افسرده باشد.

درماندگی آموخته شده

گفتیم که یک فرد خوش‌بین، جهان موجود را بهترین جهان ممکن می‌داند. همین نکته، شخص را به سمت خوشنودی پایدار هدایت می‌کند.

آقای پرفسور مارتین سلیگمن به‌همراه همکارانش آزمایشاتی را بر روی سگ‌ها انجام دادند و به نتایج حیرت‌انگیزی دست یافتند.

آزمایش به این طریق بود که به سگ گروه اول، شوکی دادند که می‌توانست از آن فرار کند و سگ گروه دوم، همان شوک را، اما با این تفاوت که نمی‌توانست فرار کند و سگ سوم هیچ شوکی را تجربه نمی‌کرد.

روز بعد سگ‌ها را به یک محفظه مخصوص بردند و به هر سه گروه شوک دادند و شرایط به گونه‌ایی بود که هر سه سگ می‌توانستند از بالای مانع بپرند و فرار کنند.

طی چند ثانیه سگی که یاد گرفته بود شوک‌ها را کنترل کند، فهمید که باید از روی مانع بپرد و موفق به فرار شد، سگی که قبلاً شوکی را دریافت نکرده بود نیز به همان نتیجه رسیده بود و در چند ثانیه اول موفق به فرار شد.

اما سگی که آموخته بود کاری نمی‌تواند انجام دهد، هیچ تلاشی برای فرار

نکرد، گرچه می‌توانست از روی مانع بپرد و از شوک رهایی یابد. خیلی زود تسلیم شد و در محفظه دراز کشید. با وجودی که مرتباً شوک دریافت می‌کرد اما هرگز نفهمید که صرفاً با پریدن از روی مانع، از شوک راحت خواهد شد. پرفسور سلیگمن، با این آزمایش و آزمایشات تکمیلی که انجام داد، به این نتیجه رسید که درماندگی، آموختنی است.

درماندگی آموخته شده، در واقع، واکنش رها کردن است و فردی که دچار درماندگی می‌شود بر این باور است که هر کاری انجام دهد بی‌فایده است و در نهایت خیلی زود تسلیم شده و دست از تلاش خواهد کشید.

نقش خوش‌بینی در بهبود زندگی شما

خوش‌بینی جایگاه خیلی مهمی در قسمت‌هایی از زندگی شما دارد و درمانی برای تمام دردها نیست، اما می‌تواند شما را در برابر افسردگی مصون کند. در میزان سلامت روحی و روانی شما نقش بسیار مؤثری خواهد داشت و سطح موفقیت شما را نیز افزایش خواهد داد.

شما با شناخت خوش‌بینی و آموختن آن، می‌توانید از افسردگی رهایی یابید، زیرا که به شما می‌آموزد که چرا افراد افسرده می‌شوند.

خوش‌بینی علاوه بر این که موجب متوقف شدن افسردگی می‌شود، مانع از بر گشت مجدد آن نیز خواهد شد. شما می‌توانید از تکنیک‌های خوش‌بینی در طول روز و هر زمانی که نیاز داشتید، استفاده کنید.

شواهد بیانگر این است که خوش‌بینی موجب بهبود و افزایش سلامتی شما خواهد شد.

دانشمندان ثابت کرده‌اند که خوش‌بینی باعث تنظیم و کاهش فشار خون بالا می‌شود و از آن جایی که فشار خون بالا یکی از علل مهم بیماری‌های قلبی عروقی است، بنابراین اگر خوش‌بینی می‌تواند فشار خون را کاهش دهد، پس می‌تواند از ابتلای افراد به بیماری قلبی نیز پیشگیری کند.

از دیگر مزایای خوش‌بینی می‌توان از تأثیرات بیولوژیکی بر بهبود سلامت نام برد و همچنین کاهش سطح آدرنالین، بهبود عملکرد سیستم ایمنی بدن و

جلوگیری از لخته شدن خون را نام برد.

این مطالب برگرفته از کتاب از خوش‌بینی تا خوشنودی بود. برای تهیه این کتاب به‌صورت هدیه می‌توانید از لینک زیر دانلود کنید:

http://khoshbini.com/kr/

شناسایی افکار بدبینانه

کمی بر گردید به عقب، چند سال قبل، چند ماه قبل، چند هفته قبل یا چند روز قبل....

تا حالا برایتان پیش آمده که یک اتفاقی رخ بدهد یا کاری کرده باشید که بعد به خودتان بگویید: ای کاش این اتفاق نمی‌افتاد یا ای کاش این کار را نمی‌کردم؟

شما در چنین مواقعی چه سؤالاتی از خودتان می‌پرسید؟ با خودتان چه برخوردی می‌کنید؟

به‌طور مثال: زمانی که من فوتبال بازی می‌کردم، دروازه‌بان بودم. گاهی گل‌هایی می‌خوردم که گاهاً احساس می‌کردم می‌توانستم عملکرد بهتری داشته باشم و بعدش با خودم فکر می‌کردم که اگر زودتر خروج کرده بودم یا اگر زاویه را بهتر بسته بودم و یا دیوار دفاعی را بهتر می‌چیدم، گل را دریافت نمی‌کردم. این نوع تفکر، به نوعی واقع‌بینانه و سازنده است.

من با بررسی نقطه ضعف احتمالی خود، بهترین راه را برای مرتفع کردن آن انتخاب می‌کردم و با تمرین بیشتر، به نتایج بسیار مطلوبی می‌رسیدم.

یکی دیگر از نتایج مثبت این تفکر بود که در موقعیت مشابهی که پیش می‌آمد، با آمادگی بیشتری اقدام می‌کردم.

حال اگر خودم را سرزنش می‌کردم، وضعیت چگونه بود؟

آیا با این افکار، گل خورده جبران می‌شد؟ مسلماً خیر.

یکی از دوستان من، نسبت به ماشین تازه خریده‌اش، بسیار حساس بود. در یک شب بارانی به واسطه جمع شدن آب در خیابان و تاریکی هوا، متوجه وجود چاله‌ایی که در مسیرش نشده و یکی از چرخ‌ها در چاله افتاد و باعث شد تا قسمتی از سپر و گلگیر آن آسیب مختصری ببیند.

این دوست عزیز ،تا چند روز مدام در حال سرزنش کردن خود و بد و بیراه گفتن به زمین و زمان بود، که چرا دقت بیشتری نکردم، قطعاً اگر اینقدر بی‌توجه نبودم، این اتفاق نمی‌افتاد... ای کاش آن شب ماشین را بیرون نمی‌بردم.... ای کاش از مسیر دیگری می‌رفتم... و کلی با این ای کاش‌ها خودش را آزار می‌داد.

به‌نظر شما این دوست من باید چگونه برخورد می‌کرد. به‌عبارتی اگر شما جای او بودید چه می‌کردید؟

آیا با این تفکرات، وضعیت موجود بهبود می‌یافت؟ چاله خیابان پر می‌شد؟یا سپر ماشین به حالت اولیه برمی‌گشت؟

دردناک‌ترین وجه این ماجرا، اینجاست که فرد همه این‌ها را می‌داند، اما باز هم به افکار بدبینانه خود پایان نمی‌دهد.

← حالت دو، همان‌گونه که می‌بینید افکار بدبینانه جزء بدیهیات زندگی روزمره افراد هستند و خیلی زود به واسطه هر اتفاق کوچکی، در ذهن شخص ایجاد شده و رشد می کنند.

ما باید یاد بگیریم که به افکار خود جهت بدهیم. افکار ما باید در جهت رشد باشد، نه این که همچون افکار منفی، تیشه بر ریشه آرامش ما بزنند.

هر زمان احساس کردید که مدت زیادی است که به یک موضوع فکر می‌کنید، اما باز هم سر نقطه اول هستید، بدانید که این نوع تفکر قرار نیست که شما را به نتیجه خاصی برساند و مطمئناً شما را به سمت سردرگمی هدایت می‌کند. خیلی زود رشته آن افکار را پاره کنید.

در ادامه حتماً تکنیک‌هایی را در این زمینه خواهیم گفت. پس نگران این موضوع نباشید که چگونه از شر این افکار خلاص شوید.

وقتی شما به افکار منفی میدان بدهید، خیلی زود رشد می‌کنند و تمام ذهن شما را تسخیر خواهند کرد و در نهایت شما را از مسیر رشد و موفقیت باز خواهند داشت.

به مثال اول بر می‌گردیم. نوع تفکر من در آن زمان جهت دار بوده (تفکر برای پیداکردن مشکل و رفع آن) و نتیجه مثبت آن، برخورد با حملات با تمرکز بیشتر و شرایطی که از قبل بر روی آن کار شده و به‌عبارت دیگر دفاع آگاهانه در برابر حملات احتمالی تیم حریف.

حال از زاویه دیگری به قضیه نگاه می‌کنیم. اگر من این گونه فکر می‌کردم:

◀ حالت دو: همه‌اش تقصیر من بود، من دروازه بان خوبی نیستم، ای کاش گل نخورده بودم، یک بار نشد که بتوانم درست توپ را مهار کنم، من در موقعیت‌های تک به تک خیلی ضعیف هستم، هر مهاجمی می‌تواند به راحتی به من گل بزند، حالا بعد از بازی، مربی کلی دعوا می‌کند....

بنابراین در تمام وقت بازی، با مرور این افکار، باعث آزار خودم می‌شدم و تمرکز لازم برای ادامه بازی و برخورد با حملات بعدی را نداشتم.

تفاوت دو دیدگاه

در حالت اول: دروازه‌بان علاوه بر پذیرفتن نقطه ضعف خود (البته با این دید که این ضعف بسیار کوچک و جزئی است که با تمرینات ساده می‌توان آن را رفع کرد)، تلاش می‌کند تا با راهکارها و تمرین‌های مناسب روزبه‌روز بهبود یابد.

او حتی می‌تواند بگوید که این گلی که دریافت کردم به‌واسطه حرکت استادانه مهاجم حریف بود، هر کس دیگری هم که بود این گل را می‌خورد. اما من اگر فقط چند ثانیه زودتر حرکت می‌کردم، می‌توانستم توپ را مهار

کنم.

در حالت دوم: دروازه‌بان دائماً در حال سرزنش کردن خودش است و نمی‌تواند گل خورده خود را بپذیرد و به‌همین خاطر در جملاتش (ای کاش) را به کار می‌برد. به جای این که به دنبال راه حل باشد می‌خواهد صورت مسئله را پاک کند و چون موفق به این کار نمی‌شود، مضطرب و دچار خشم از خود می‌شود. در نهایت، عزت نفس و اعتماد به نفس خود را از دست داده و قطعاً نمی‌تواند در ادامه بازی، عملکرد مناسبی داشته باشد.

حال برویم سراغ دوست من و ببینیم که چگونه باید با آن ماجرا برخورد می‌کرد؟

قبل از هر فکری باید بپذیرد که این اتفاق رخ داده است و زمان به عقب بر نخواهد گشت. بنابراین افکاری را که با (ای کاش) شروع می‌شود، باید قطع کند.

بپذیرد که این یک پیشامد بوده و گاهی ممکن است برای هر کسی رخ دهد. می‌تواند:

- **حالت دو:** بگوید خدا را شکر که فقط یک آسیب جزئی بود. می‌توانست خیلی بدتر از این هم رخ بدهد ...

- **حالت دو:** این رخداد ممکن است برای هر کسی پیش بیاید، اما من از این به بعد بیشتر احتیاط می‌کنم تا دیگر چنین مواردی برایم پیش نیاید.

با این افکار، آرام خواهد شد و خیلی راحت با آن موضوع کنار خواهد آمد.

اولین حرکت:

همین الان یک خودکار بر دارید و به مدت ۳ دقیقه، بدون این که به چیز خاصی فکر کنید، افکاری را که به ذهن‌تان وارد می‌شود، در کادر صفحه بعد بنویسید. حال مشخص کنید کدام فکر ها لازم است که باشند و کدام افکار، منفی هستند و باید حذف شوند؟

حتماً این کار را انجام دهید، چون در مراحل بعدی به آن نیاز خواهیم داشت.

لیست افکار من

تقدیر یا تقصیر؟

تقدیرش همین بود کاریش نمیشه کرد...

تا حالا چند بار این جمله را شنیده‌اید؟

برخی افراد تقصیر خود را بر گردن تقدیر انداخته و خود شانه خالی می‌کنند. فرد بدبین، با این دیدگاه به قضایا نگاه می‌کند.

اما واقعیت این است که خداوند انسان را موجودی مختار آفریده و این دیدگاه مغایر با این نعمت با ارزش خداوند است.

یک فرد خوش‌بین، همیشه تقدیر را می‌پذیرد، اما در برابر مشکلات تسلیم نمی‌شود.

«شاید این اتفاقی که برای من رخ داده به صلاح من باشد. اما می‌دانم که می‌توانم وضعیت را بهتر از این کنم.»

این دیدگاه یک خوش‌بین است. تقدیر را می‌پذیرد، اما به توان خود و رحمت الهی امیدوار است. با این تفکر که شاید مصلحت من در این بوده است که این اتفاق برای من رخ داده و یا رخ نداده است.

این که شخص، فقط بنشیند و نظاره‌گر این باشد که چه اتفاقی می‌افتد و تقدیر چه سرنوشتی را برایش رقم خواهد زد، نشان از این است که فرد در برابر افکار بدبینانه تسلیم شده است.

شما تصور کنید که در یک جاده شلوغ و دو طرفه در حال رانندگی هستید،

یک خودرو از روبه‌رو در جهت مخالف شما در حرکت است، شما قصد دارید از ماشین جلوی خود سبقت بگیرید. و با این کار در مسیر ماشین روبه‌رویی قرار می‌گیرید. چه تصمیمی خواهید گرفت؟

با خود خواهید گفت که حالا من سبقت می‌گیرم، اگر تقدیر من بر این است که تصادف کنم که این اتفاق می‌افتد، اما اگر تقدیر بر این نوشته نشده رد خواهم شد؟ یا صبر خواهید کرد و در فرصت مناسب‌تر سبقت خواهید گرفت؟

این قدرت اختیار و انتخاب که خداوند به انسان عطا کرده، در اینجا کاملاً مشهود است.

اصلاً قصد ندارم وارد بحث تخصصی این مقوله بشویم، اما لازم دیدم مختصر توضیحی در این زمینه مطرح کنیم تا این که در مراحل بعدی با این قفل ذهنی متوقف نشوید.

خداوند بر همه اعمال و نتایج اعمال ما آگاه است، اما این موضوع دلیلی بر آن نیست که برخی به اشتباه، نعمت اختیار را نقض می‌کنند. برای روشن شدن این موضوع، ما آزمایشی را انجام دادیم:

در یک روز سرد زمستانی، کودکی را در مقابل درب یک اتاق قرار دادیم که داخل آن، دو سبد، یکی حاوی بستنی و سبد دیگر حاوی یک کاپشن چرم بود، قرار داشت.

به کودک گفتیم که زمان خیلی کوتاهی به مدت ۳۰ ثانیه وقت دارد به اندازه این که وارد شود و بتواند یکی از دو سبد را انتخاب کرده و از اتاق خارج شود. به‌نظر شما کودک کدام سبد را انتخاب می‌کند؟

درست است، کودک به محض ورود به اتاق، بلافاصله به سراغ سبد بستنی رفت و آن را برداشت و از اتاق خارج شد. تقریباً همه ما می‌دانستیم که کودک بستنی را انتخاب خواهد کرد، اما این، حق و قدرت انتخاب او را نقض نمی‌کرد.

اگر که او شناخت بیشتری داشت قطعاً بهترین انتخاب یعنی سبدی را که کاپشن در آن بود، انتخاب می‌کرد، اما او انتخاب اشتباهی داشت. او می‌توانست کاپشن را انتخاب کند تا از سرمای پیش رو مصون بماند.

بنابراین هر فرد باید بپذیرد که تقدیرش را خودش رقم می‌زند و نه کس دیگری!

هر چه انتخاب‌های درست زیباتری داشته باشید، تقدیر زیباتر و بهتری پیش رو خواهید داشت.

بیایید تقدیرمان را
خودمان بسازیم.
انتخاب با ماست
کافی است مثبت فکر کنیم
مثبت بخواهیم و مثبت بمانیم...

زیبای خفته ذهن‌تان را بیدار کنید

دوست دارید ذهن شما خانه کدامیک از این‌ها باشد؟

تصور کنید ذهن شما شبیه به یک خانه باشد و این که این خانه یک در ورودی و یک در خروجی داشته باشد.

حالا تصور کنید افکاری که از درب ورودی به ذهن شما وارد می‌شوند، هر کدام یک قیافه و شکل داشته باشند. شما به عنوان صاحب‌خانه دوست دارید که چه قیافه‌هایی در این خانه بمانند و چه قیافه‌هایی از درب خروجی خارج شوند؟

به‌عبارتی دیگر شما دوست دارید میزبان چه شخصیتی باشید؟

بیایید این‌گونه تصور کنیم که افکار مثبت و خوش‌بینانه را به قیافه زیبای خفته ببینیم و افکار منفی و بدبینانه را با قیافه زشت و قبیح جادوگر پلید ببینیم. شما به عنوان صاحب خانه حاضرید میزبان زیبای خفته باشید یا جادوگر پلید؟

احتمالاً الان دارید با خود فکر می کنید که آخر مگر امکان دارد؟ این‌ها همه حرف بوده و در عمل امکان اجرا ندارد؟ اصلاً نگران نباشید، زیرا این فکر، دقیقاً همان جادوگر پلید است که درب خانه شما را می‌زند! اجازه ورود ندهید. من به شما این اطمینان را خواهم داد که اگر نکاتی را که در این کتاب عنوان شده، با دقت مطالعه و اجرا کنید، قطعاً موفق خواهید شد.

یک صاحب‌خانه خودش اختیار این را دارد تا فضای منزلش را آن‌گونه که می‌خواهد بسازد. پس قوانینی را وضع می‌کنیم تا بر این خانه حکم‌فرما باشد.

تصویر این خانه را در ذهن خود مجسم کنید، همان‌گونه که قبلاً گفتیم این منزل فقط دو درب دارد. پس افرادی که وارد می‌شوند از یک درب وارد و پس از کنترل شما، یا پذیرش شده و در خانه می‌مانند و یا این که پس از رد شدن از فیلترهایی، محکوم به خروج خواهند شد.

یک سری از این افراد، با توجه به شناختی که شما از آن‌ها دارید، در همان ابتدا اجازه ورود را پیدا نمی‌کنند. آن‌هایی که در ابتدا وارد می‌شوند، اما در مرحله کنترل اخراج می‌شوند، همان‌هایی هستند که مثل آقا گرگه، لباس بز بز قندی را پوشیده و وارد شده‌اند. در واقع، اصل حرف ما هم این‌ها هستند.

دوست دارید ذهن شما خانه کدام یک از این‌ها باشد؟ زیبای خفته یا جادوگر پلید؟

راهروی مخصوص

علاوه بر مسیر ورود و خروج، یک مسیر چرخشی را هم در این خانه تعبیه می‌کنیم. این مسیر فقط مخصوص پیاده‌روی زیبای خفته است و هیچ جادوگر پلیدی حق تردد در این مسیر را نخواهد داشت. هر زمان که احساس کردید یکی از آن‌ها در این محدوده تردد می‌کنند، مطمئن باشید که می‌خواهد زیبای خفته را از بین ببرد و خانه شما را به تسخیر خودش در آورد. سریع اقدام کنید و از این محدوده دورش کرده و سپس از خانه بیرونش کنید.

زمانی که زیبای خفته در حال قدم زدن در محوطه مخصوص است، شما احساس بسیار زیبا و دلپذیری خواهید داشت و این جادوگر است که درد می‌کشد و تمام تلاشش را می‌کند تا این احساس خوب را از شما بگیرد. اما همیشه این شما هستید که با کنترل و شناسایی آن، حکم اخراجش را صادر می‌کنید.

خیلی خوب، ما تا این‌جا خانه خود را طراحی و مشخص کردیم که چه افرادی مجوز ورود را دارند و قوانینی را هم برای آن ایجاد کردیم. حالا باید به فکر امنیت و قدرتمند کردن کنترل‌ها باشیم.

ما در فصل قبل، لیستی از افکار منفی خود تهیه و شناسایی کردیم. مشکل ما آن افکار نیستند و بیشتر تمرکز ما باید روی افکاری باشد که ما تصور نمی‌کنیم منفی باشند و به‌صورت مرموزانه وارد ذهن ما می‌شوند.

گاهــی اوقات فرد متوجه افکار بدبینانه خود نیســت و گاهی نیز خودش می‌داند اما نمی‌تواند بر آن غلبه کند.

ایــن روزهــا با ورود بیــش از پیش مــوج الکترونیک و عصــر دیجیتال و گسترش شبکه‌های اجتماعی، هر خبر و رخدادی با سرعتی عجیب در جامعه پخش می‌شود و به سهولت هر چه تمام در اختیار افراد قرار می‌گیرد.

حال شما تصور کنید که این خبر خوب باشد یا بد؟

به‌طور مثال: شــما در یک شــبکه اجتماعی عضو هستید. به محض این‌که وارد گوشــی شــدید، بلافاصله یک کلیپ را که از طریق گروه ارســال شــده، مشاهده می‌کنید. این کلیپ می‌تواند فیلم سر بریدن یک فرد بی‌گناه توسط یک گروهک تروریســتی باشد یا می‌تواند خورده شدن یک آدم توسط یک شیر و یا له شدن یک شخص زیر پای یک فیل باشد......

می‌بینید شما تا الان در حالی که فقط یک متن را می‌خواندید، تصویرش در ذهن شما تداعی می‌شد، چه برسد به این که فیلم را ببینید.

واقعیتــش را بخواهید، من خودم زمانی که یکی از این فیلم‌ها را می‌دیدم به شــدت به هم می‌ریختم و حس خیلی بدی به ســراغم می‌آمد، اوایل فکر می‌کردم که خیلی انسان حساس و ضعیفی هستم که نمی‌توانم این تصاویر را ببینم و به هم می‌ریزم. اما واقعیت امر این است که ما انسان هستیم و دیدن درد و درماندگی دیگران نمی‌تواند برای ما جذاب باشد و قطعاً باعث تأثر ما خواهد شد. پس بهتر است به جای سرزنش کردن خود، به فکر چاره مناسبی باشیم.

این که فلان شخص در فلان نقطه از جهان توسط یک حیوان درنده دریده شــده، جز به هم ریختگی، هیچ نفعی به من نمی‌رســاند و علاوه بر آن، کاری هم از دست من برای آن بیچاره برنمی‌آید. پس اجازه ندهیم خیلی راحت در ذهن خود این افکار را ایجاد کنیم. هر فیلم یا تصویر یا خبری را نبینیم. یک کلیپ، به ظاهر فقط یک فیلم بود، اما موجب به هم ریختگی من شد.

تـا مدت‌ها آن تصویر در ذهن من می‌چرخید، دقیقـاً در محدوده پیاده‌روی زیبای خفته....

برای همین دلیل اسـت که تأکید می‌کنم کـه این محدوده فقط متعلق به زیبای خفته است. خیلی واضح بگوییم که حال شما به این بستگی دارد که از این راهرو خاص چه می‌گذرد، پس امنیت این راهرو را جدی بگیریم و اجازه تردد به هر فکری را ندهیم.

مگر دست ماست که به چه چیزی فکر کنیم، به چیزی فکر نکنیم؟ فکرهای بد خودشـان می‌آیند و من گاهی حتی متوجه حضورشـان هم نمی‌شوم! چه جوری می‌توانم کنترل‌شان کنم؟

این سؤالاتی که در ذهن‌تان به وجود می‌آید، در این مرحله، کاملاً طبیعی است، اما در ادامه خواهید دید که فقط خود ما حاکم ذهن خود هستیم. شما فقط به آنچه که خودتان می‌خواهید فکر می‌کنید و تأثیرات مثبتش را دریافت خواهید کرد.

چگونه زیبای خفته خود را پیدا کنیم؟

مــا در گام اول، افکار منفی خود را شــناختیم، افکاری که جادوگران پلید نامیدیم. فهمیدیم که این افکار به دنبال خراب کردن حال ما هستند و تصمیم گرفتیم که آن‌ها را از ذهن خود طرد کنیم.

بپذیرید که شما مالک ذهن خود هستید. همانگونه که اگر کسی را دوست نداشته باشید، به منزل خود راه نمی‌دهید، رفتار کنید.

تصور کنید شــب در منزل خود مشغول استراحت هستید، زنگ درب به صدا در می‌آید، چه می‌کنید؟ دو حالت دارد: یا منزل شــما آیفون تصویری دارد یا ندارد.

در حالت اول، شــما به محض دیدن تصویر شــخص اگر وی را بشناسید و شرایطش را داشته باشید یا تشخیص بدهید که اگر الان درب را باز کنید، به دردسر نمی‌افتید، حتماً به داخل دعوتش می‌کنید.

اما در حالت دوم، یا اصلاً به سمت درب نمی‌روید و یا اگر رفتید، حتماً قبل از باز کردن درب، می‌پرسید شما؟ و بعد مثل حالت اول عمل می‌کنید.

حالت اول برای افکاری است که قبلاً در موردش صحبت کردیم، افکاری که برای ما مشخص و تشخیص مثبت و منفی بودنش برای ما آسان است. به جملات زیر توجه کنید:

۱) من آدم بسیار قدرتمندی هستم.

۲) من آدم خیلی ضعیفی هستم.

توانستید تشخیص بدهید که کدام جمله مثبت و خوش‌بینانه و کدام جمله منفی و بدبینانه است؟ خیلی آسان بود، درسته؟

همان طور که قبلاً هم گفتیم، مشـکل ما در تشخیص و کنترل این افکار، خیلی کمتر است.

حالت دوم برای افکاری اسـت که بدون شـناخت، قدرت تشخیص در ما کمتر است و باید تکنیک‌هایی را داشته باشیم تا هم بتوانیم آن‌ها را تشخیص دهیـم و هم به مقابله با آن‌ها بپردازیم. این دسـته افکار را ممکن اسـت در زندگی روزمره، بارها و بارها در جوامع مختلف در قالب اظهارنظرهایی شنیده باشید. گاهی ممکن است که شما بتوانید تشخیص دهید، اما در لحظه، متوجه آن و تأثیراتی که بر شما می‌گذارد، نخواهید شد.

به جملات زیر توجه کنید:

۱) من آدم خیلی بدشانسی هستم، همیشه اتفاقات بد برای من رخ می‌دهد.

۲) ایرادی نداره، این اتفاق ممکن است برای هر کسی پیش بیاید، حتماً به صلاح من است و مطمئنم که می‌توانم حلش کنم.

این جملات چقدر به گوش‌مان آشناست! روزانه چندین بار از افراد مختلف شنیده‌ایم. نظر شما در مورد این جملات چیست؟

باید به عرض شـما برسانم، شخصی که جمله اول را به کار می‌برد، دارای دیدگاهی بدبینانه و شـخصی که جمله دوم را به کار می‌برد، دارای دیدگاهی خوش‌بینانه می‌باشد.

اقدامک

تأثیراتی را که از هر کدام از این جملات گرفتید، بنویسید و با هم مقایسه کنید.

جمله شماره ۱:	جمله شماره ۲:

لیست همه چیزهایی را که حال شما را خوب می‌کند، بنویسید. از خاطرات شیرینی که در گذشته داشتید، گرفته تا افرادی که با دیدن آن‌ها خوشحال می‌شوید و حتی چیزهایی که دوست دارید در آینده داشته باشید. این‌ها زیبای خفته شما هستند. هر چیزی که نام و یادش شما را به لحظات خوش دعوت می‌کند و افکار مثبت را در ذهن‌تان زنده نگه می‌دارد. در کادر زیر، تا می‌توانید زیبای خفته خود را بنویسید.

خیلی مهم

تا این تمرین را انجام نداده‌اید به صفحه بعدی نروید.

دیدن رژه زیبای خفته، حال‌تان را خوب می‌کند

حال که زیبای خفته خود را پیدا کردید، هر روز آن‌ها را برای پیاده‌روی و رژه رفتن به راهرو ویژه فرا بخوانید.

یادتان باشد شما حاکم هستید و تمام فرمان‌های شما باید اجرا شود.

هیچ عذر و بهانه‌ایی را نپذیرید. دستورات شما باید موبه‌مو اجرا شود. هیچ کس و هیچ چیز حق ندارد حال حاکم را خراب کند.

هر زمان که احساس کردید روبه‌راه نیستید و افکار منفی به سمت شما هجوم می‌آورند، اول آن‌ها را شناسایی کنید و بعد زیبای خفته مربوط به آن را یافته و به راهرو ویژه دعوت کنید.

راهرو ویژه جایی است که افکار آن لحظه شما، از آن رد می‌شوند.

وقتی که ذهن شما با افکار بدبینانه‌ای مشغول است، یعنی این که در حال حاضر جادوگر پلید در حال قدم زدن در راهرو ویژه است. زمانی که شما آرام و شاد هستید و افکار خوش‌بینانه‌ایی دارید، یعنی این که زیبای خفته در حال پیاده‌روی در راهرو ویژه است.

حال که متوجه شدید که این راهرو چقدر مهم و تأثیر گذار بر حال شماست دیگر اجازه ندهید جادوگر پلیدی در این راهرو قرار بگیرد. سعی کنید تا جایی که می‌توانید بر نیروهای زیبای خفته بیافزایید.

یک بار دیگر به صفحه قبل برگردید و زیبای خفته بیشتری را به لیست

خود اضافه کنید.

→ حداقل ۱۰ مورد به لیست زیبای خفته خود در زمینه‌های مختلف اضافه کنید. پنج مورد از مواردی که مربوط به گذشته است و پنج مورد را که دوست دارید در آینده برای‌تان رخ دهد.

→ هشدار:

تا حداقل ۱۰ مورد را به لیست خود اضافه نکردید، به صفحه بعد نروید. به فکر اضافه کردن نیروهای زیبای خفته باشید. جنگ بزرگی در راه است. اگر می‌خواهید پیروز میدان شما باشید، این هشدار را جدی بگیرید.

کمپ بازیابی

همان‌طور که در ابتدا گفتیم:

- "یک سری از افراد با توجه به شناختی که شما از آن‌ها دارید، در همـان ابتدا، اجازه ورود را پیدا نمی‌کنند. آن‌هایی که در ابتدا وارد می‌شـوند، اما در مرحله کنترل اخراج می‌شـوند همان‌هایی هسـتند که مثل آقا گرگه، لباس بز قندی را پوشـیده و وارد شده‌اند. در واقع، اصل حرف ما هم این‌ها هستند."

حال باید بررسی کنیم، این افرادی که در آستانه اخراج هستند، آیا مستحق یک فرصت برای اصلاح شدن هستند یا خیر؟

این‌ها همان افکاری هستند که گاهی وجودشان به ما کمک می‌کند و گاهی نیز چوب لای چرخ‌مان می‌گذارند.

یـک محلی را در ایـن منزل به عنوان کمپ بازیابـی تعبیه می‌کنیم. تمام افرادی (افکاری) را که جزء این دسته هستند، به این محل انتقال می‌دهیم تا در یک فرصت مناسـب بررسی و در صورتی که قابل اصلاح باشند، اصلاح و به سمت راهرو ویژه هدایت کنیم و در غیر این‌صورت، به کلی اخراج شوند.

به‌طور مثال: برخی افکار باعث ایجاد ترس در شـما می‌شود. در ابتدا، این فکر را به کمپ بازیابی ببرید. در آنجا بررسی کنید که دلیل به وجود آمدن این فکر چه بوده است. آیا دلیلی منطقی برای این فکر وجود دارد یا خیر؟

توجه داشته باشید که ترس همیشه بد نیست، گاهی ترس می‌تواند تأثیر بسیار خوبی بر روند پیشروی و موفقیت ما داشته باشد. مثلاً اگر شما نسبت به تخطی از سرعت غیرمجاز هیچ ترسی نداشته باشید، ممکن است عواقب خیلی بدی در انتظار شما باشد و امنیت و سلامت شما را به خطر بیندازد. یا تصور کنید فردی بدون هیچ ترسی، خود را از یک ارتفاع بلند پرت کند! چه اتفاقی برایش خواهد افتاد؟

پس، ترس برای هر فردی لازم است، اما باید این ترس به گونه‌ایی باشد که مانع از رشد شما نشود و آرامش را از شما نگیرد. مثلاً ترس از دیر رسیدن به محل کار یا یک قرار ملاقات، به منظم بودن شما کمک می‌کند و باعث می‌شود کمی زودتر از موعد مقرر، جهت رفتن به محل کار یا محل قرار، از منزل خارج شوید. و در نهایت شما انسان خوش قول و منظمی به‌نظر می‌رسید.

اما همین ترس گاهی آن‌قدر بر شما غلبه می‌کند که بر تمام رفتار و حالات شما تأثیر منفی می‌گذارد و دائماً مضطرب و نگران به‌نظر می‌رسید و یا شما را از انجام کار منع می‌کند یا کیفیت کارتان را به شدت پایین می‌آورد.

بنابراین کار ما در این مرحله، شناسایی این افکار است که از این به بعد، «گرگ‌های فریب خورده» می‌نامیم.

همیشه مراقب این گرگ‌ها باشید، حتماً تا حالا این ضرب‌المثل را شنیدید:

توبه گرگ، مرگ است.

← تا چه حد این ضرب‌المثل را قبول دارید؟ اصلاً مهم نیست!

چون ما اصلاً به این قضیه کاری نداریم. در واقع، این مَثَل در فرهنگ و جامعه ما جا افتاده و اینجا نیز برای روشن شدن مسئله عنوان کردیم.

از این بابت گفتم مراقب این نوع افکار باشید، چون که اول ماجرا به‌صورت موذیانه وارد می‌شوند و پس از اصلاح در کمپ، ما با تصور این که اصلاح شده‌اند، به راهرو ویژه هدایت‌شان می‌کنیم. این‌ها ممکن است توبه بشکنند و مجدداً به‌صورت افراطی ظاهر شوند، که در آن زمان دستور اخراج‌شان را از

بدون درنگ صادر کنید.

بنابراین، هر زمان که احساس کردید افکار منفی همچنان موجب آزارتان می‌شوند و حس کردید که پس از مراحل طی شده در کمپ هم اصلاح نشدند، سعی کنید. یک وقت دادرسی برایشان تعیین کنید و با صدور حکم، به کلی اخراج‌شان کنید.

پس افکاری که نیاز به اصلاحات دارند، در این کمپ نگهداری می‌شوند. این را که در کمپ بر آن‌ها چه خواهد گذشت، در فصل بعدی خواهیم گفت. همین الان به لیست افکار منفی خود بر گردید و اگر افکار بدبینانه بیشتری به ذهن‌تان می‌رسد، به لیست اضافه کنید.

٭از لیست افکار بدبینانه خود، افکاری را که احساس می‌کنید می‌توان با انتقال به کمپ بازیابی، اصلاح‌شان کرد، در کادر پایین بنویسید.

گام دوم:
پیش نیاز - توشه راه

شما به عنوان حاکم، برای ادامه حکمرانی و تسلط کامل بر امور سرزمین پهناور ذهن خود، باید یک سری پیش‌نیازها را در خود تقویت کنید یا از بین ببرید. در این مرحله لازم است سه عامل ایجاد کننده ناخوشی را نابود کنید.

برای ورود به گام بعدی که همان کمپ بازیابی است، شما نیاز است که این سه عامل را کنترل نموده تا با موفقیت بتوانید از پس گرگ‌ها برآیید. در واقع این سه، از عوامل نفوذی هستند که هدف‌شان خراب کردن حال و روحیه و بر هم زدن تعادل روانی شماست.

این سه عامل گرگ‌صفت عبارتند از:

۱) اضطراب

۲) افسردگی

۳) خشم

هر یک از این سه عامل، وقتی برای ما ایجاد می‌شود، دست و پا می‌زنیم تا آن را کاهش دهیم و بدون شک در آن لحظه حس بدی را تجربه خواهیم کرد.

برای این که شناخت بیش‌تری از این سه عامل داشته باشیم و ببینیم که چه تأثیری بر روند حکمرانی ما دارند، هر کدام را به‌صورت مختصر مرور و تست می‌کنیم که تا چه اندازه از این عوامل در شما وجود دارد.

اضطراب

تا حـالا برای‌تان پیش آمده کـه برای مدت طولانـی در حال فکر کردن باشید و در انتها متوجه شوید که نه تنها به نتیجه خاصی نرسیدید، بلکه دچار سردرگمی و خستگی شده‌اید؟ در واقع، شما در تله فکری گرفتار شده‌اید.

اضطراب نیز یکی از این تله‌های فکری است که آثاری مخرب بر زندگی و روان شما خواهد داشت. معمولاً شخص بدون داشتن هیچ دلیل قانع‌کننده‌ای، بدترین شـرایط ممکن را در ذهن خود ایجاد کرده و به بدترین گزینه‌های ممکـن که خودش در ذهنش ایجاد کرده، فکر می‌کند. مثل: «اگر این اتفاق بیافتد چه؟»......«اگر از من بدش آمد چه؟»

بیشـتر اوقات هیچ کـدام از این گزینه‌هایی که در ذهن ایجاد شـده، رخ نخواهد داد و توهمی بیش نیستند.

اضطراب، از آن دسـته جادوگرهای پلیدی اسـت که تمـام وجودش مزخرف و دروغ است، تا می‌توانید از آن دوری کنید و اجازه ورودش را به سرزمین خود ندهید.

فراموش نکنید که هر اتفاقی ممکن است در آینده نزدیک یا دور بیفتد اما مهم این است که چگونه با این موقعیت‌های ناخواسته و سخت برخورد کنیم.

در ادامه، نمونه‌ایی از پرسش‌نامه خودسنجی را که توسط پرفسور سلیگمن طراحی شده، با تمرکز و دقت لازم انجام می‌دهید تا میزان اضطراب خودتان را بسنجید. همان گونه که در نکته مهم قبل از شروع مطرح شد، این تست را

می‌توانید از سایت خوش‌بینی و از طریق لینک زیر، به صورت آنلاین انجام دهید و از جایزه ویژه آن بهره‌مند شوید.

http://khoshbini.com/test2

اما برای سهولت کار و این احتمال که اینترنت در دسترس شما نباشد، در اینجا نیز ارائه شده است.

پرسش‌نامه خودسنجی

هر کدام از جملات زیر را بخوانید و دور عددی را که با نظر شما بیشتر نزدیک است، خط بکشید.

۱) آدم گوش به زنگی هستم.

☐ همیشه ۱   ☐ بیشتر اوقات ۲   ☐ گاهی ۳   ☐ هیچ وقت ۴

۲) از خودم خوشنودم.

☐ همیشه ۱   ☐ بیشتر اوقات ۲   ☐ گاهی ۳   ☐ هیچ وقت ۴

۳) احساس عصبی بودن می‌کنم.

☐ همیشه ۱   ☐ بیشتر اوقات ۲   ☐ گاهی ۳   ☐ هیچ وقت ۴

۴) ای کاش به اندازه دیگران شاد بودم.

☐ همیشه ۱   ☐ بیشتر اوقات ۲   ☐ گاهی ۳   ☐ هیچ وقت ۴

۵) احساسم شبیه بازنده‌هاست.

☐ همیشه ۱   ☐ بیشتر اوقات ۲   ☐ گاهی ۳   ☐ هیچ وقت ۴

۶) با این که اوضاع خوب بوده است، اما زود از کوره در می‌روم.

☐ همیشه ۱   ☐ بیشتر اوقات ۲   ☐ گاهی ۳   ☐ هیچ وقت ۴

۷) احساس امنیت می‌کنم.

☐ همیشه ۱   ☐ بیشتر اوقات ۲   ☐ گاهی ۳   ☐ هیچ وقت ۴

۸) اوضاع در اختیار من است.

☐ همیشه ۱   ☐ بیشتر اوقات ۲   ☐ گاهی ۳   ☐ هیچ وقت ۴

۹) احساس ناراحتی می‌کنم.

☐ همیشه ۱   ☐ بیشتر اوقات ۲   ☐ گاهی ۳   ☐ هیچ وقت ۴

۱۰) از چیزهای بی‌ارزش احساس نگرانی می‌کنم.

☐ همیشه ۱   ☐ بیشتر اوقات ۲   ☐ گاهی ۳   ☐ هیچ وقت ۴

نمره‌گذاری:

برای نمره‌گذاری، عددها را با هم جمع کنید:

اگر نمره شما بین ۱۰ تا ۱۱ است، اضطراب شما در پایین‌ترین سطح است.

اگر نمره شما بین ۱۲ تا ۱۴ است، اضطراب شما تقریباً پایین است.

اگر نمره شما بین ۱۵ تا ۱۷ است، اضطراب شما متوسط است.

اگر نمره شما بین ۱۸ تا ۲۰ است، ۷۵ درصد اضطراب دارید.

اگر نمره شما بین ۲۱ تا ۲۳ است، ۸۰ درصد اضطراب دارید.

اگر نمره شما بین ۲۴ تا ۲۵ است، ۹۰ درصد اضطراب دارید.

اگر نمره شما ۲۶ است، ۹۵ درصد اضطراب دارید.

اگر نمره شما ۲۷ و بیشتر است، ۱۰۰ درصد اضطراب دارید.

با این آزمون، به میزان اضطراب خود پی بردید و این می‌تواند نقطه شروعی باشد برای این که تصمیم بگیرید تا با توجه به نمره‌ای که کسب

کرده‌اید، نسبت به بهبود آن تلاش بیش‌تری داشته باشید.

تا حالا به این موضوع فکر کرده‌اید که در چه مواردی دچار اضطراب می‌شوید؟ برای شناسایی بهتر اضطراب‌تان، هر موضوعی را که شما را دچار اضطراب می‌کند، در کادر زیر بنویسید.

لیست اضطراب‌های من

ساده اما هلو

۱۰ تکنیک خیلی ساده، اما بسیار کاربردی برای درمان اضطراب تقدیم به شما:

برای درمان اضطراب، راه‌های زیادی وجود دارد، از جمله مدیتیشن، ریلکسیشن، درمان شناختی و دارودرمانی. که البته دارودرمانی زیاد پیشنهاد نمی‌شود، مگر برای زمانی که لازم است نشانه‌های اضطراب را به سرعت کاهش دهید.

۱) دفترچه افکار منفی و مضطرب‌کننده

شما می‌توانید در طول روز، هر اتفاقی را که منجر به اضطراب شد، در دفتر یادداشت بنویسید یا در گوشی خود ذخیره کنید و فکر کردن به آن را به یک زمان دیگری موکول کنید. با این کار، ذهن شما تا حدودی از موضوع منحرف خواهد شد و چون نوشتن سخت‌تر از فکر کردن است، امکان از بین رفتن این افکار مضطرب‌کننده بسیار بیش‌تر است.

۲) رژیم غذایی مناسب

سعی کنید رژیم غذایی مناسبی داشته باشید، خوردن صبحانه را فراموش نکنید و در طول روز وعده‌های غذایی کوچکی داشته باشید. کار کردن، فعالیت و پیاده‌روی بیش از حد، بدون غذا خوردن، باعث پایین آمدن قند

خون و در نهایت، احساس اضطراب بیشتری خواهد شد.

۳) ترک سیگار و خداحافظی با نیکوتین

اگر سیگار می‌کشید، حتماً آن را ترک کنید یا مصرف آن را به حداقل برسانید. سیگار کشیدن، نه تنها از میزان اضطراب کم نمی‌کند، بلکه باعث تشدید آن نیز می‌شود.

۴) ورزش منظم

یکی از مؤثرترین و قوی‌ترین مسکن طبیعی اضطراب، ورزش کردن است. سعی کنید روزانه حداقل ۳۰ دقیقه به‌صورت منظم ورزش‌های هوازی داشته باشید. تأثیرات مثبتش را خیلی زود دریافت خواهید کرد.

۵) خواب باکیفیت و مناسب

سعی کنید همیشه به اندازه بخوابید. کمبود خواب می‌تواند میزان اضطراب و افکار منفی را در شما افزایش دهد. همچنین اگر زیاد می‌خوابید، نیز پیشنهاد می‌کنم خیلی زود این روند را اصلاح نمایید. بنابراین سعی کنید بر اساس نیاز بدن‌تان ۶ تا ۹ ساعت خواب با کیفیت در یک شب داشته باشید.

۶) خودتان را نوازش کنید.

چشمان خود را ببندید، یکی از دستان خود را بر روی قلب گذاشته و با دست دیگر، صورت خود را نوازش کنید. یا با هر دو دست، سخت خود را در آغوش بگیرید و سر خود را متمایل به یک سمت بر روی شانه‌های خود قرار دهید.

۷) اضطراب، فقط سهم شما نیست

زمانی که شما با اضطراب درگیر هستید، احساس می‌کنید که فقط شمائید که با این موضوع درگیر هستید، اما حقیقت این است که اضطراب بخشی از وجود انسان است و در هر لحظه، هزاران نفر در دنیا با آن درگیر هستند.

شاید برای شما جالب باشد، این مسئله که از بین هر ۱۰ نفر از افرادی که در طول هفته به دفتر من جهت مشاوره مراجعه می‌کنند، ۹ نفرشان فکر می‌کنند که تنها خودشان با این مشکل درگیر هستند و از این بابت، خود را سرزنش می‌کنند.

به خودتان یادآوری کنید که شما در یک مبارزه جهانی قرار دارید و تنها شما نیستید که این وضعیت را تجربه می‌کنید.

۸) در لحظه باشید

شما وقتی که مضطرب هستید، در واقع در حال فکر کردن به آینده هستید. بنابراین سعی کنید که در حال، حضور داشته باشید نه در گذشته یا آینده.

ترس و اضطراب، محصول تفکر درباره آینده و زمانی است که هنوز فرا نرسیده است. این اطمینان را به خودتان بدهید که شما به هیچ‌وجه پیشگو نیستید و نمی‌توانید در مورد آینده خبری بدهید.

به‌طور مثال، اگر در حال خوردن یک فنجان قهوه هستید، داغی فنجان و طعم تلخ قهوه را حس کنید. قهوه را هورت بکشید و صدای آن را بشنوید، با هر هورتی که می‌کشید مسیر عبور قهوه از دهان تا معده را حس کنید.

۹) نبض خود را بشمارید

نبض خود را پیدا کنید و سپس چشمان خود را ببندید. حالا با اولین ضربه نبض شروع کنید به شمارش کردن آن و در حین شمارش، قلب خود را احساس کنید. خدا را شکر کنید بابت این موهبت بزرگ، بابت این قلب

تپنده‌ای که زندگی را در رگ‌هایتان جاری می‌کند. اما فراموش نکنید که این شمایید که حاکم بدن خود هستید. به قلب‌تان دستور دهید تا با تمام قدرت آرامش را به تمام وجودتان پمپاژ کند.

همچنان که شمارش را ادامه می‌دهید، نفس عمیق بکشید. حالا با هر دم و بازدم، شمارش را ادامه دهید. با هر دم، شما تمام آرامش را به درون‌تان فرا می‌خوانید و با هر بازدم، هر چه اضطراب و بار منفی دارید، از درون‌تان به بیرون منتقل کنید.

آن‌قدر دم و بازدم را ادامه دهید تا پر از آرامش شوید. حالا به نبض‌تان توجه کنید، کاملاً آرامش را زیر انگشت خود احساس خواهید کرد. تمام این آرامش را مدیون خودتان هستید، چرا که این شما بودید که به قلب‌تان دستور دادید.

اگر دفعات اولی که این کار را انجام می‌دهید، موفق نشدید، اصلاً جای نگرانی نیست، کاملاً طبیعی است. بعضی‌ها کمی دیرتر به نتیجه می‌رسند، اما مهم این است که به نتیجه مطلوب خواهند رسید.

۱۰) بمب چکمه

جستجو کنید که چه چیزی حال شما را خوب می‌کند؟ با دیدن چه کسی احساس شادی و امنیت می‌کنید؟ چه مکانی شما را به آرامش نزدیک‌تر می‌کند؟ چه هوایی حال شما را بهتر می‌کند؟

اینها دقیقاً همان بمب انرژی شما هستند، سعی کنید خیلی زود آن‌ها را بسازید.

⬅ **این بمب کاملاً دست‌ساز و محصول دستان پر قدرت**
و هنرمند خودتان هست
و نکته جالب اینجاست که هر شخصی می‌تواند
این بمب را بسازد،
اما این بمب به دست کسی عمل می‌کند که

آن را ساخته است.

به‌عبارتی، هر فرد یک بمب مختص به خودش را دارد.

زمانی که شما دچار سردرد می‌شوید، بلافاصله به سراغ یک مسکن می‌روید تا بلکه از این سردرد رهایی پیدا کنید.

اما وقتی که در حال مقابله با اضطراب هستید، سعی کنید بلافاصله بمب انرژی خود را فعال کنید. کافی است فعالش کنید، به محض این که عمل کند اضطراب را نابود خواهد کرد.

از همین الان شروع کنید به ساختن این بمب....!!!!!

(چ: چیزی، ک: کسی، م: مکانی، ه: هوایی)

یک کاغذ و خودکار بردارید و چکمه خود را پیدا کنید. هر چه جنس چکمه‌های شما مطلوب‌تر و بهتر باشد، انفجار بهتری را تجربه خواهید کرد.

همان گونه که در نکته مهم قبل از شروع مطرح شد، این تست را می‌توانید از سایت خوش‌بینی و از طریق لینک زیر به صورت آنلاین انجام دهید و از جایزه ویژه آن بهره‌مند شوید. اما برای سهولت کار و این احتمال که اینترنت در دسترس شما نباشد، در اینجا نیز آورده شده است.

http://khoshbini.com/test3

افسردگی

افسردگی خود را بسنجید.

این آزمون که توسط لئونارد رادولف طراحی شده، به شما کمک خواهد کرد تا میزان افسردگی خود را تعیین کنید.

آزمون CES-D

چند هفته گذشته خود را به یاد بیاورید. سپس دور نمره گزینه‌هایی را که به بهترین صورت، احساس شما را طی چند هفته گذشته بیان می‌کند، خط بکشید:

۱) من با چیزهایی که اغلب دلواپسم نمی کردند، نگران می‌شدم.

هرگز یا به ندرت (کمتر از یک روز) ۰

به دفعات کم یا بعضی اوقات (۲-۱ روز) ۱

گاهی یا به میزان متوسط (۴-۳ روز) ۲

بیشتر اوقات یا همیشه (۷-۵ روز) ۳

۲) من احساس گرسنگی نمی‌کردم و کم‌اشتها بودم.

- هرگز یا به ندرت (کمتر از یک روز) ۰
- به دفعات کم یا بعضی اوقات (۲-۱ روز) ۱
- گاهی یا به میزان متوسط (۴-۳ روز) ۲
- بیشتر اوقات یا همیشه (۷-۵ روز) ۳

۳) احساس می‌کردم که حتی به کمک دوستان و خانواده‌ام نمی‌توانم غم‌هایم را فراموش کنم.

- هرگز یا به ندرت (کمتر از یک روز) ۰
- به دفعات کم یا بعضی اوقات (۲-۱ روز) ۱
- گاهی یا به میزان متوسط (۴-۳ روز) ۲
- بیشتر اوقات یا همیشه (۷-۵ روز) ۳

۴) احساس می‌کردم که به اندازه دیگران خوب نیستم.

- هرگز یا به ندرت (کمتر از یک روز) ۰
- به دفعات کم یا بعضی اوقات (۲-۱ روز) ۱
- گاهی یا به میزان متوسط (۴-۳ روز) ۲
- بیشتر اوقات یا همیشه (۷-۵ روز) ۳

۵) مشکل می‌توانستم روی کارهایی که می‌خواستم انجام دهم، تمرکز کنم.

- هرگز یا به ندرت (کمتر از یک روز) ۰
- به دفعات کم یا بعضی اوقات (۲-۱ روز) ۱
- گاهی یا به میزان متوسط (۴-۳ روز) ۲
- بیشتر اوقات یا همیشه (۷-۵ روز) ۳

۶) احساس افسردگی می‌کردم.

- هرگز یا به ندرت (کمتر از یک روز) ۰
- به دفعات کم یا بعضی اوقات (۲-۱ روز) ۱
- گاهی یا به میزان متوسط (۴-۳ روز) ۲
- بیشتر اوقات یا همیشه (۷-۵ روز) ۳

۷) احساس می‌کردم هر کاری انجام می‌دهم، تلاش بیهوده است.

- هرگز یا به ندرت (کمتر از یک روز) ۰
- به دفعات کم یا بعضی اوقات (۲-۱ روز) ۱
- گاهی یا به میزان متوسط (۴-۳ روز) ۲
- بیشتر اوقات یا همیشه (۷-۵ روز) ۳

۸) درباره آینده احساس ناامیدی می‌کردم.

- هرگز یا به ندرت (کمتر از یک روز) ۰
- به دفعات کم یا بعضی اوقات (۲-۱ روز) ۱
- گاهی یا به میزان متوسط (۴-۳ روز) ۲
- بیشتر اوقات یا همیشه (۷-۵ روز) ۳

۹) فکر می‌کردم زندگی من یک شکست بوده است.

- هرگز یا به ندرت (کمتر از یک روز) ۰
- به دفعات کم یا بعضی اوقات (۲-۱ روز) ۱
- گاهی یا به میزان متوسط (۴-۳ روز) ۲
- بیشتر اوقات یا همیشه (۷-۵ روز) ۳

۱۰) احساس ترس می‌کردم.

- هرگز یا به ندرت (کمتر از یک روز) ۰
- به دفعات کم یا بعضی اوقات (۱-۲ روز) ۱
- گاهی یا به میزان متوسط (۳-۴ روز) ۲
- بیشتر اوقات یا همیشه (۵-۷ روز) ۳

۱۱) خوابم نامنظم شده بود.

- هرگز یا به ندرت (کمتر از یک روز) ۰
- به دفعات کم یا بعضی اوقات (۱-۲ روز) ۱
- گاهی یا به میزان متوسط (۳-۴ روز) ۲
- بیشتر اوقات یا همیشه (۵-۷ روز) ۳

۱۲) شاد نبودم.

- هرگز یا به ندرت (کمتر از یک روز) ۰
- به دفعات کم یا بعضی اوقات (۱-۲ روز) ۱
- گاهی یا به میزان متوسط (۳-۴ روز) ۲
- بیشتر اوقات یا همیشه (۵-۷ روز) ۳

۱۳) کمتر از حد معمول صحبت می‌کردم.

- هرگز یا به ندرت (کمتر از یک روز) ۰
- به دفعات کم یا بعضی اوقات (۱-۲ روز) ۱
- گاهی یا به میزان متوسط (۳-۴ روز) ۲
- بیشتر اوقات یا همیشه (۵-۷ روز) ۳

۱۴) احساس تنهایی داشتم.

- هرگز یا به ندرت (کمتر از یک روز) ۰

به دفعات کم یا بعضی اوقات (۲-۱ روز) ۱
گاهی یا به میزان متوسط (۴-۳ روز) ۲
بیشتر اوقات یا همیشه (۷-۵ روز) ۳

۱۵) افراد در نظرم دوست داشتنی نبودند.

هرگز یا به ندرت (کمتر از یک روز) ۰
به دفعات کم یا بعضی اوقات (۲-۱ روز) ۱
گاهی یا به میزان متوسط (۴-۳ روز) ۲
بیشتر اوقات یا همیشه (۷-۵ روز) ۳

۱۶) از زندگی لذت نمی‌بردم.

هرگز یا به ندرت (کمتر از یک روز) ۰
به دفعات کم یا بعضی اوقات (۲-۱ روز) ۱
گاهی یا به میزان متوسط (۴-۳ روز) ۲
بیشتر اوقات یا همیشه (۷-۵ روز) ۳

۱۷) اغلب بغض داشتم و دلم می خواست گریه کنم.

هرگز یا به ندرت (کمتر از یک روز) ۰
به دفعات کم یا بعضی اوقات (۲-۱ روز) ۱
گاهی یا به میزان متوسط (۴-۳ روز) ۲
بیشتر اوقات یا همیشه (۷-۵ روز) ۳

۱۸) احساس غم و اندوه می‌کردم.

هرگز یا به ندرت (کمتر از یک روز) ۰
به دفعات کم یا بعضی اوقات (۲-۱ روز) ۱

گاهی یا به میزان متوسط (۴-۳ روز) ۲

بیشتر اوقات یا همیشه (۷-۵ روز) ۳

۱۹) احساس می‌کردم که هیچ کس مرا دوست ندارد.

هرگز یا به ندرت (کمتر از یک روز) ۰

به دفعات کم یا بعضی اوقات (۲-۱ روز) ۱

گاهی یا به میزان متوسط (۴-۳ روز) ۲

بیشتر اوقات یا همیشه (۷-۵ روز) ۳

۲۰) حال و حوصله تکان خوردن از جایم را نداشتم.

هرگز یا به ندرت (کمتر از یک روز) ۰

به دفعات کم یا بعضی اوقات (۲-۱ روز) ۱

گاهی یا به میزان متوسط (۴-۳ روز) ۲

بیشتر اوقات یا همیشه (۷-۵ روز) ۳

این آزمون مجموعه نشانه‌های افسردگی است.
هر چه این نشانه‌ها بیشتر باشد
احتمال این که افسرده باشید، بیش‌تر است.

نمره‌گذاری

اعدادی که دور آن‌ها را خط کشیده‌اید، با هم جمع کنید. اگر نتوانستید درباره یکی از شماره‌ها تصمیم بگیرید و برای یک سؤال دور دو عدد خط کشیده‌اید، فقط رقم بالاتر را در جمع خود محاسبه کنید. شما امتیازی بین صفر تا ۶۰ کسب خواهید کرد.

قبل از این که تفسیر امتیاز خود را بخوانید باید بدانید که کسب نمره بالا، به طور دقیق به معنای افسردگی نیست. شمار کمی از افرادی که نمره بالا کسب می‌کنند، در واقع افسرده نیستند و ممکن است شمار کمی از افراد دارای امتیاز پایین نیز دارای اختلال افسردگی باشند. در حقیقت، تشخیص دقیق افسردگی به عوامل دیگر هم بستگی دارد. برای مثال این که علائم شما چه مدت طول کشیده و باقی مانده‌اند و این‌که منشاء اولیه‌ای غیر از افسردگی داشته‌اند یا خیر؟

لازم به ذکر است که یک تشخیص دقیق، فقط بعد از مصاحبه با یک روان‌شناس یا روان‌پزشک خبره میسر می‌شود.

این آزمون بیش‌تر از این که افسردگی را تشخیص دهد، میزان افسردگی شما را به‌طور دقیق می‌سنجد:

- اگر امتیاز شما بین صفر تا ۹ بود، شما جزء افراد غیرافسرده هستید.
- امتیاز بین ۱۵-۱۰ شما را در گروه افسردگی خفیف قرار می‌دهد.

- امتیاز بین ۲۴-۱۶، بیانگر این است که افسردگی شما در حد متوسط است.
- امتیاز بالاتر از ۲۴، پیشنهادکننده این است که شما به شدت افسرده هستید

اگر شما جزء افراد به شدت افسرده هستید، پیشنهاد می‌شود که حتماً به یک روان‌شناس جهت مصاحبه و در صورت نیاز، درمان مراجعه کنید.

خشم

زمانی که شما دچار خشم می‌شوید چه اتفاقی می‌افتد؟ یا به‌عبارتی چه مراحلی طی می‌شود؟

مرحله اول، تفکر است: تفکر خاصی که معتقد است «حقش پایمال شده است.» بیش‌تر اتفاقات آن‌قدر سریع اتفاق می‌افتد که شما نمی‌توانید این افکار را تشخیص دهید و از آن‌ها آگاه شوید.

ممکن است خیلی ساده، نسبت به وقایع واکنش نشان دهید. اما این فکر که به حقوق‌تان تجاوز شده، دائماً در کمین است.

در مرحله دوم، واکنش جسمی شروع می‌شود: به محض بروز خشم، دستگاه عصبی سمپاتیک و عضلات شما برای حمله آماده می‌شوند. عضلات منقبض شده، فشار خون و ضربان قلب بالا می‌رود. دستگاه گوارش دچار اختلال شده و تقریباً متوقف می‌شود. مراکز مغزی تحریک می‌شوند و مغز از نظر شیمیایی به حالت آماده باش برای حمله در می‌آید.

مرحله آخر که در واقع مرحله اصلی است: مرحله حمله است. در واقع مرحله‌ای است که نتیجه دو مرحله قبل است. در این مرحله، فرد خشمگین، لگد می‌زند و حمله می‌کند. البته به تربیت و شخصیت فرد هم بستگی دارد و ممکن است شخصی که دارای تربیت اجتماعی بالایی باشد، خودش را کنترل و خشم خود را مهار کند.

خیلی‌ها معتقد هستند که سرکوب کردن خشم، عواقب و عوارض بسیار بدی دارد و بهتر است که خشم خود را بروز دهیم. آن‌ها معتقد هستند که فرو خوردن خشم باعث بروز بیماری‌هایی از قبیل بیماری‌های قلبی، افسردگی و حتی سرطان می‌شود.

این نظریه، مخالف و موافق زیادی دارد. اما تحقیقات نشان می‌دهد که این نظریه نمی‌تواند صحیح باشد. مثلاً این که زمانی که فرد خشمگین می‌شود خیلی زود بر روی قلب اثر می‌گذارد، ضربان قلب افزایش می‌یابد و فشار خون بالا می‌رود. حال تصور کنید یک فرد در طول یک روز چندین بار دچار خشم شود، فشاری که به قلب او وارد می‌شود، به چه میزان افزایش می‌یابد؟

خشم را اگر نتوان کنترل و مهار کرد، تأثیرات بسیار مخربی بر روابط و زندگی خواهد داشت. چه بسا تصمیماتی که به هنگام بروز خشم گرفته شده و جز پشیمانی نتیجه‌ایی نداشته است. بسیاری از قتل‌ها به دلیل عدم توانایی فرد در کنترل خشم اتفاق می‌افتد.

به عقیده من، هیجاناتی از قبیل ترس، خشم و... را که در انسان رخ می‌دهد، نباید به‌طور کامل سرکوب کرد. به‌طور مثال، همان‌طور که در مبحث کمپ گفتیم، گاهی لازم هست که کمی ترس داشته باشیم و مثال آن را هم عنوان کردیم. اما خشم چطور؟ زمانی که به سرزمین ما تجاوز شود، خشم باعث می‌شود تا با قدرت بیشتر به سمت دشمن حمله کنیم و از خود دفاع کنیم. اما همیشه که جنگ نیست!

بنابراین، باید این هیجان‌ها از جمله خشم را مهار کنیم.خشم در همه افراد وجود دارد. اما برخی بروز می‌دهند، در برخی فروکش می‌کند و برخی استادانه کنترلش را در دست می‌گیرند. نباید به سادگی از کوره در رفت.

آیا تا حالا فکر کرده‌اید که آدم خشمگینی هستید یا خیر؟ یا اگر خشمگین هستید به چه میزان؟

همان گونه که در نکته مهم قبل از شروع مطرح شد، این تست را می‌توانید

از سایت خوش‌بینی و از طریق لینک زیر به صورت آنلاین انجام دهید و از جایزه ویژه آن بهره‌مند شوید. اما برای سهولت کار و این احتمال که اینترنت در دسترس شما نباشد در اینجا نیز آورده شده است.

http://khoshbini.com/test4

در ادامه، هر عبارت را بخوانید و هر شماره‌ایی را که به احساس شما نزدیک‌تر است، علامت بزنید. روی هر قسمت خیلی فکر نکنید و اولین جوابی را که احساس می‌کنید به شما نزدیک‌تر است، انتخاب کنید.

نکته: در این تست جواب درست و غلط وجود ندارد. نمره هر گزینه همان عدد گزینه‌هاست.

خشم خود را بسنجید

۱) من تندخو هستم.
۱) تقریباً هیچ وقت
۲) گاهی
۳) بیشتر اوقات
۴) تقریباً همیشه

۲) من بدخلق و بی‌حوصله هستم.

۱) تقریباً هیچ وقت

۲) گاهی

۳) بیشتر اوقات

۴) تقریباً همیشه

۳) من تند رو و عجول هستم.

۱) تقریباً هیچ وقت

۲) گاهی

۳) بیشتر اوقات

۴) تقریباً همیشه

۴) وقتی به خاطر اشتباهات دیگران پس‌رفت می‌کنم، عصبانی می‌شوم.

۱) تقریباً هیچ وقت

۲) گاهی

۳) بیشتر اوقات

۴) تقریباً همیشه

۵) وقتی به واسطه کار خوبی دیده نمی‌شوم، احساس آزردگی می‌کنم.

۱) تقریباً هیچ وقت

۲) گاهی

۳) بیشتر اوقات

۴) تقریباً همیشه

۶) نمی‌توانم بر خودم مسلط شوم.

۱) تقریباً هیچ وقت

۲) گاهی

۳) بیشتر اوقات

۴) تقریباً همیشه

۷) در هنگام عصبانیت حرف‌های زشت و رکیک می‌زنم.

۱) تقریباً هیچ وقت

۲) گاهی

۳) بیشتر اوقات

۴) تقریباً همیشه

۸) وقتی جلوی دیگران از من انتقاد کنند، از کوره در می‌روم.

۱) تقریباً هیچ وقت

۲) گاهی

۳) بیشتر اوقات

۴) تقریباً همیشه

۹) وقتی ناامید می‌شوم، احساس کسی را دارم که کتک خورده است.

۱) تقریباً هیچ وقت

۲) گاهی

۳) بیشتر اوقات

۴) تقریباً همیشه

۱۰) وقتی یک کار خوب می‌کنم، ولی ضعیف ارزیابی می‌شوم، عصبانی می‌شوم.

۱) تقریباً هیچ وقت

۲) گاهی

۳) بیشتر اوقات

۴) تقریباً همیشه

امتیازبندی

شماره‌هایی را که انتخاب کرده‌اید، با هم جمع بزنید. هر چه نمره شما بالاتر باشد، خشم در زندگی شما نمود بیش‌تری دارد.

اگر نمره شما ۱۳ یا کمتر باشد، جزء افرادی هستید که کم‌ترین خشم را دارند. (۱۰٪ خشم).

اگر امتیازتان ۱۵-۱۴ باشد، جزء افرادی هستید که خشم‌شان کم است و آن‌چنان خشمگین نیستند.(۲۵٪)

امتیاز ۲۰-۱۷، بیانگر سطح متوسط خشم است.

امتیاز ۲۴-۲۱، سطح خشم بالا را نشان می‌دهد (۷۵٪).

افرادی که نمره ۳۰-۲۵ را کسب کرده‌اند و مذکر هستند، سطح خشمی حدود ۹۰٪ دارند.

اگر به عنوان یک مرد، امتیاز بالای ۳۰ را به دست آورده‌اید، خشم‌تان در بالاترین حد خود (۹۵٪) قرار دارد و اگر خانمی هستید که نمره بالای ۲۸ را دریافت کرده‌اید نیز، خشم‌تان بالاترین حد (۹۵٪) است.

افراد با افزایش سن، تا حدودی ملایم‌تر می‌شوند. اگر شما سن‌تان کمتر از ۲۳ سال است، نمره ۲۶ یا بیش‌تر برای شما زیاد است و جزء ۱۰ درصد خشمگین‌ترین‌ها هستید. اما اگر بیش از ۲۳ سال سن دارید، امتیاز ۲۴، شما را جزء این ۱۰ درصد قرار می‌دهد.

با توجه به نتیجه‌ای که از این آزمون گرفتید، متوجه میزان خشم خودتان شده‌اید. حال با شناخت بیش‌تری از این که چه میزان خشم در زندگی‌تان جریان دارد و با توجه به تأثیراتی که در روابط شما خواهد گذاشت، بهتر است به فکر مهار کردن آن باشید.

جنس خشم

برای این‌که بتوانید کنترل خشم خود را در دست بگیرید، در ابتدا باید شناخت کافی از خشم خود داشته باشید. این‌که در اثر چه محرکی خشمگین می‌شوید؟ این خشم چقدر طول می‌کشد؟ چه تأثیری بر شما می‌گذارد؟ معمولاً چه زمانی از روز احتمال بروز خشم بیشتری در شما هست؟ میزان خشم‌تان چقدر است؟

در واقع بدانید که جنس خشم‌تان از چیست یا الگوی خشم‌تان را بشناسید. برای این کار لازم است که حداقل یک هفته، لیستی از خشم خود تهیه و موارد بالا را در آن مشخص کنید. من مثالی را عنوان می‌کنم برای این‌که بهتر متوجه شوید، اما شما می‌توانید جدول تهیه کنید.

مثال: من امروز از ساعت ۱۸:۳۰ در صف نانوایی بودم. صف شلوغ بود. نباید بیشتر از ۱۰ دقیقه معطل می‌شدم. اما نوبت اصلاً رعایت نمی‌شد. حداقل نیم ساعت طول کشید تا نوبت من برسد، خیلی عصبانی شدم و سر شاطر داد زدم که چرا نوبت را رعایت نمی‌کند و به صف توجهی ندارد. بعدش ناراحت شدم که چرا دعوایش کردم، بنده خدا که تقصیری نداشت.

اگر بخواهیم این اتفاق را یادداشت کنیم به شکل زیر می‌نویسیم:

زمان: ۱۸:۳۰
محرک: عدم رعایت نوبت و معطل شدن
برخورد: داد زدن و دعوا کردن با شاطر
مدت: ۲۰ دقیقه
میزان شدت (بین ۱ تا ۱۰) ۵
نتیجه: عذاب وجدان و بد شدن وجهه‌ام جلوی حاضرین

زمانی که الگوی خشم خود را شناختید، برای هر مورد، یک تحلیل داشته باشید که چه برخوردی می‌کردم، بهتر بود؟ یا این که چه برخوردی نمی‌کردم، بهتر بود؟

برای نمونه در مثال بالا، شخص از این که عصبانی شده و بر سر شاطر فریاد کشیده، ابراز پشیمانی می‌کند و از این که افرادی که برخوردش را دیده‌اند، در موردش برداشت جالبی نداشته باشند، نگران است و با خود می‌گوید، ای کاش تحمل کرده بودم و یا آرام‌تر تذکر داده بودم.

چند تکنیک ساده

چند راهکار ساده، اما کاربردی برای کنترل خشم که می‌تواند به شما کمک کند، عبارتند از:

۱) به محض این که احساس کردید، دارید خشمگین می‌شوید، سریع دست به کار شوید و چند نفس عمیق بکشید و بلافاصله با هر دم و بازدم تا ۲۰ بشمارید. این شمارش باعث می‌شود، تفکر محرک کاهش پیدا کرده و خشم تا حدودی فروکش کند.

۲) خود را به جای طرف مقابل قرار داده و از دیدگاه او مسئله را بررسی کنید. این فکر را که «به حق من تجاوز شده»، از دیدگاه متجاوزگر بررسی کنید. این فکر را به شکل زیر بازسازی کنید:

شاید او روز سختی را داشته است.
او یک احمق است، دلیلی ندارد که من هم مثل احمق‌ها رفتار کنم.
او توانایی این را ندارد که باعث عصبانی شدن من شود.
این یک امتحان است و من باید از پس آن بربیایم.

۳) آگاه بودن از احساس‌تان می‌تواند به مهار خشم کمک کند:
دندان‌هایم را خیلی به هم فشار می‌دهم: بهتر است تا آسیب ندیده‌اند، شل کنم.
ضربان قلبم بالا رفته و نفسم تند شده: بهتر است نفس عمیق بکشم.
من با آرامشم به او نشان می‌دهم چقدر قوی هستم.

ایستگاه خودسنجی

← در اینجا توقف و بازرسی الزامی است
حتی برای شما عزیزان

شما تا اینجا یاد گرفتید که:

- چگونه چهره افکار بدبینانه خود را تشخیص دهید.
- تا حدودی نحوه برخورد با این افکار را یاد گرفتید.
- افکار مثبت و زیبای خفته خود را شناسایی کردید.
- افکار مضطرب‌کننده خود را شناسایی کردید.
- اضطرابتان در حیطه کنترل شماست.
- میزان افسردگی خود را مورد سنجش قرار دادید.
- جدول خشم به شما در شناسایی محرک و جنس خشم به شما کمک کرده است.
- افسار خشم در دست شماست.

اگر احساس می‌کنید حتی یک مورد از موارد فوق را هنوز کسب نکرده‌اید، جای هیچ نگرانی نیست. اما برای این که بتوانید بهترین نتیجه را دریافت کنید

از شما تقاضا می‌کنم یک بار دیگر مباحث قبل را مرور کنید تا در ادامه بتوانید به راحتی و با آرامش بر سرزمین وسیع ذهن‌تان حکومت کنید.

← و اما نظر من ...
عبور از این ایستگاه
بدون داشتن موارد فوق ممنوع است ...

گام سوم:
در کمپ چه خبر است؟

شما مجهز هستید

در گام‌های قبل، تعدادی از گرگ‌های فریب خورده را شناسایی کرده و به کمپ بازیابی انتقال دادیم. یک سری پیش‌نیاز برای ورود به کمپ نیاز داشتیم که به عنوان توشه همراه داریم. در حقیقت سه عاملی را که ممکن بود ما را در کمپ با شکست مواجه کند، اصلاح کردیم و الان با خیالی آسوده‌تر می‌توانیم وارد گام بعدی شویم.

یادتان باشد شما مجهز به بمب چکمه هستید، به محض رویت جادوگر می‌توانید فعالش کنید. پس جایی برای هیچ گونه ترس و نگرانی نیست. شما با تکنیک‌ها و راهکارهایی که تا اینجا آموخته‌اید، بسیار قدرتمندتر از گذشته هستید و می‌توانید با هر گرگ و جادوگری مقابله کنید و آنان را از پای درآورید.

اما شما انسان مهربان و بخشنده‌ای هستید و دل‌تان نمی‌آید که همه گرگ‌ها را از بین ببرید و به بعضی از آن‌ها که احتمال دادید قابل تغییر هستند، فرصت دادید تا اصلاح شوند.

غـل و زنجیـر لازم اسـت

درست است که گفتیم گرگ‌ها را در کمپ نگهداری و محافظت می‌کنیم، اما یادمان باشد که حتماً باید آن‌ها را به غل و زنجیر بکشید تا مبادا فرار کنند و در وسـط محوطه اصلی ظاهر شـوند. تا زمانی که حکم تثبیت یا اخراج هر کدام را صادر نکرده‌اید، به هیچ عنوان اجازه ندهید آزادانه تردد کنند.

ممکن اسـت این سـؤال پیش بیاید که چگونه می‌توانیم آن‌ها را به غل و زنجیر بکشـیم. راه‌های مختلفی هسـت، از جمله راهکارهایی که در گام‌های قبـل توضیح دادیم. هر کدام از تکنیک‌ها را باید در جای خود و در موقعیت مناسبش به کار بگیرید.

مثلاً برای کنترل گرگ‌های خشـمگین، راهکارهایی را به کار می‌بریم که در مبحث خشم تمرین کردیم و برای گرگ‌های مضطرب‌کننده، راهکارهای عنوان شده مختص به خودش را استفاده می‌کنیم.

بـه طور مثـال، یکـی از ابزارهـای پرکاربرد و مؤثـر برای مهـار کردن گرگ‌های مضطرب‌کننده، ابزارها و غل و زنجیرهای هلو است، همان ابزارها و تکنیک‌هایی که در مبحث ساده اما مثل هلو عنوان کردیم.

پس، هر زمان احسـاس کردید یکی از گرگ‌هـا در حال فرار کردن و به هم ریختن آرامش‌تان است، بلافاصله غل و زنجیرش را چک کنید و این بار محکم‌تر از قبل آن را ببندید. در چنین مواقعی باید بسیار قاطع و جدی باشید.

شخصیت حاکم بودن خود را همچنان حفظ کنید.
شما حاکم قدرتمند و لایقی هستید.
در سرزمین شما هیچ موجودی
یارای مقابله با شما را نخواهد داشت
و همچنان آرامش در سرزمین شما خودنمایی می‌کند.

مشخصات کلی گرگ‌ها

قبل از این که وارد کمپ شویم، لازم است شناخت بیش‌تری نسبت به آن‌ها داشته باشیم. این موجودات فریب خورده، یک سری مشخصات دارند که در اکثر آن‌ها وجود دارد و در نهایت یک نتیجه منفی را به فرد تقدیم می‌کنند.

آن‌ها یاد گرفته‌اند که همه قضایا را به‌صورت یکنواخت بدبینانه ببینند و بر این باورند که هر چیزی اگر بد است، تا ابد ماندگار خواهد بود و باعث خراب و بد شدن همه چیزهای دیگر خواهد شد. جالب‌تر این‌که در همه حالات خود را مقصر می‌دانند.

آن‌ها با دیدگاه بدبینانه‌ایی که دارند، در ذهن شما حالتی را ایجاد می‌کنند که تمام اتفاقات و نتایج را بسیار نامطلوب می‌بینید و این تصور را در شما به وجود خواهند آورد که سختی و بدبختی در زندگی، بیشتر از خوشی و شادی و خوب بودن است. شما باور می‌کنید که هیچ وقت روزهای خوب نخواهند آمد و تا ابد محکوم به تحمل این وضعیت اسفبار خواهید بود.

آن‌ها وقتی که در راهرو ویژه قرار می‌گیرند، شما دیگر قادر نخواهید بود که نیمه پر لیوان را ببینید و دائماً همه چیز را بد قضاوت خواهید کرد. هر چه تعداد آن‌ها در راهرو ویژه بیشتر شود، شما بیش‌تر غرق در این مشکل خواهید شد.

این خائنین مأموریت دارند تا آن‌قدر در این خانه رخنه کرده و آن‌قدر شما را درگیر این مشکل نموده و امید را از این منزل اخراج کنند تا این خانه امن تبدیل به یک محیط بی‌روح و افسرده شود.

آن‌ها دارای قدرت نفوذ و سرعت انتشار بالایی هستند و اگر شما زودتر نیروهای امنیتی خود را به کار نگیرید، یا این که نیروهای قوی و مطمئنی نداشته باشید، خیلی زود تسلیم شده و مجبور خواهید شد تا خانه را دو دستی به این دشمنان تقدیم کنید.

یادتان باشد که شما حاکم قدرتمند و توانمندی هستید، نه به سادگی تسلیم می‌شوید و نه دست از تلاش برمی‌دارید. شما با تمام توان و با تکنیک‌هایی که اجرا خواهید کرد، همه آن‌ها را تسلیم و به کنترل خود درخواهید آورد.

ما اصولاً انسان‌های صلح‌طلبی هستیم، اما اگر نیاز باشد با تمام قوا به دفاع از سرزمین خود خواهیم پرداخت و پیروز خواهیم شد.

← یک خبر خوب هم این است که این گرگ‌ها حافظه خوبی ندارند و چون تمام تفکرات و اعتقادات آن‌ها از پایه و اساس دروغ هستند خیلی زود رسوا شده و عقب‌نشینی می‌کنند اما فقط در برابر تکنیک‌های خوش‌بینی که تا حالا آموختید و در ادامه آن‌ها را یاد خواهید گرفت.

آنچه را باید اصلاح کرد
سبک فکری گرگ‌ها

گفتیم که گرگ‌ها دارای سبک فکری (دائمی، فراگیر، شخصی) هستند.

دائمی (همیشگی): معتقدند که علل وقایع بدی که برای آن‌ها اتفاق می‌افتد، دائمی است. (بدبین)

مثال:
- من همیشه بدشانس هستم.
- هیچ دارویی برای رفع سردرد من مؤثر نیست.
- من هیچ وقت نمی‌توانم به هدفم برسم.

همان‌طور که می‌بینید در مثال‌های بالا، افکار کاملاً بدبینانه است و فرد به راحتی تسلیم وقایع بد شده است. استفاده از (همیشه، هیچ وقت، هرگز) درباره وقایع بد، نشانه افکار بدبینانه است.

این دیدگاه باید اصلاح شود، به گونه‌ای که وقایع بد، خیلی زودگذر و موقت هستند. این نوع تفکر، نشانه افراد خوش‌بین است.

اگر بخواهیم افکار بالا را به افکار خوش‌بینانه اصلاح کنیم، به صورت زیر تغییر می‌کند:

- من اخیراً مثل قبل خوش‌شانس نیستم.

- تا زمانی که من به صورت منظم این دارو را مصرف نکنم، تأثیر زیادی ندارد.

- من اگر برنامه‌ریزی درستی نداشته باشم، دیرتر به هدفم می‌رسم.

اگر وقایع بد را با قیود (گاه‌گاهی، اخیراً، بعضی اوقات و ...) بیان کنید، در حقیقت، وقایع بد را فقط در شرایط خاص و موقت بیان می‌کنید که دقیقاً همان دیدگاه خوش‌بینانه است.

برای توضیح وقایع خوب، درست برعکس وقایع بد است. افراد خوش‌بین بر این اعتقاد هستند که وقایع خوب دائمی هستند و افراد بدبین معتقدند که وقایع خوب اثری موقت دارند.

مثال:

موقتی (بدبینانه):

- امروز شانس آوردم، سؤالات آسان بود.

دائمی (خوش‌بینانه):

- من همیشه آماده امتحان هستم. من آدم با استعدادی هستم. همه سؤالات برای من آسان است.

افراد بدبین، علت‌های موقتی و گذرا را در مورد وقایع خوب، برای خودشان توضیح می‌دهند و معتقدند که این شرایط خوب، یک استثناست نه به واسطه توانایی و تلاش خودش.

اما یک فرد خوش‌بین، علت موفقیت و اتفاقات خوب را بر پایه تلاش، توانایی‌ها، خصلت‌ها و همیشگی بودن برای خودش تشریح می‌کند.

همان‌گونه که متوجه شده‌اید، دائمی بودن مربوط به بعد زمان است. توضیحات دائمی برای وقایع بد، درماندگی طولانی‌تری ایجاد می‌کند و بر عکس توضیحات موقتی، درماندگی بسیار کوتاه مدت‌تری را به وجود می‌آورد.

توضیحات وقایع بد

دائمی (بدبینانه) ← موقتی (خوش‌بینانه)

همیشه ← گاه‌گاهی
هیچ وقت ← اخیراً (تازگی‌ها)
هرگز ← بعضی اوقات

با استفاده از الگوی بالا تعدادی از افکار بدبینانه خود را که قبلاً در فرم مربوطه یادداشت کرده‌اید، به افکار خوش‌بینانه تبدیل کنید.

☺	

فراگیر (جزء در برابر کل): یک توضیح کلی برای شکست‌ها ...

فرد خود را در همه زمینه‌ها شکست خورده می‌داند با وجودی که فقط در یک زمینه شکست خورده باشد.

مثال: دانشجویی فقط در درس فیزیک نمره لازم را نگرفته و این درس را نگذرانده است.

فراگیر (بدبین): من دانشجوی ضعیفی هستم.

در این مثال، دانشجو با وجودی که فقط در یک درس موفق به اخذ نمره لازم نشده است خودش را به طور کلی، یک شکست خورده و ضعیف می‌داند. این سبک تفکر نیز باید اصلاح شود. افراد خوش‌بین در این زمینه توضیح خاصی دارند. بنابراین ممکن است در یک زمینه درمانده شوند، اما در زمینه‌های دیگر، خیلی محکم و استوار مقاومت می‌کنند.

اگر بخواهیم جمله فوق را به سبک خاص و خوش‌بینانه تبدیل کنیم به‌صورت زیر بیان می‌شود:

کلی (بدبینانه): من دانشجوی ضعیفی هستم.

خاص (خوش‌بینانه): من در درس فیزیک ضعیف هستم.

برای بیان اتفاق‌های خوب، دقیقاً برعکس عمل می‌شود. افراد بدبین معتقد هستند که اتفاق‌های بد، علت‌های کلی دارند و اتفاق‌های خوب، به دلیل عوامل خاص و ویژه‌ای رخ داده‌اند و افراد خوش‌بین اتفاق‌های خوب

را کلی می‌دانند.

مثال: یک فرد در رشته ۱۰۰ متر دو و میدانی نفر اول می‌شود.

خاص (بدبینانه): من در رشته ۱۰۰ متر دونده خوبی هستم.

کلی (خوش‌بینانه): من دونده بسیار خوبی هستم. من قهرمان هستم.

بنابراین، اتفاق‌های خوب را به صورت (کلی) بیان کنید و اتفاق‌های بد را به صورت (خاص) توضیح دهید.

چرا من اصرار دارم که خوش‌بین باشید و خوش‌بینانه فکر کنید؟

یک فرد خوش‌بین، توانایی این را دارد تا مشکل خود را در حیاط خلوت ذهن خود بگذارد و آزادانه و با آرامش به زندگی روزمره‌اش ادامه دهد و به سایر اموراتش برسد، حتی اگر این مشکل مهم باشد.

اما یک شخص بدبین با هر مشکل کوچک و جزئی، به سادگی به هم می‌ریزد و افسرده می‌شود. با وجود این که این مشکل جزئی و مربوط به یک موضوع خاص است، اما تمام بخش‌های زندگی او را تحت تأثیر قرار داده و مختل می‌کند. افرادی از این قبیل، همیشه و همه جا مشکلات‌شان را با خود حمل می‌کنند.

← حالا انتخاب با شماست ...
دوست دارید چگونه زندگی کنید،
خوش‌بینانه یا بدبینانه؟

شخصی: (درونی در برابر بیرونی)

زمانی که اتفاق بدی برای شما رخ می‌دهد، کدام حالت در مورد شما صدق می‌کند؟

۱) خودتان را سرزنش می‌کنید.
۲) دیگران و محیط را مقصر می‌دانید.

افرادی که جزء دسته اول هستند و در زمانی که اتفاق بدی رخ می‌دهد خود را سرزنش می‌کنند، اعتماد به نفس و عزت نفس بسیار پایینی دارند. آن‌ها خود را دوست ندارند و احساس می‌کنند فردی بی‌استعداد و ضعیف هستند و اصلاً خود را جذاب و دوست‌داشتنی نمی‌دانند.

اما افرادی که پاسخ دوم را انتخاب کردند، افرادی هستند که در هنگام بروز اتفاق بد، عزت نفس خود را از دست نمی‌دهند. آن‌ها عوامل بیرونی را سرزنش می‌کنند.

← **افرادی که عوامل بیرونی را مقصر می‌دانند (سبک بیرونی) دارای اعتماد به نفس بالایی هستند.**

مثال: شـــما هدیه‌ایی را برای همســـر تان می‌خرید و او آن هدیه را دوست ندارد.

سبک درونی (اعتماد به نفس پایین): من به اندازه کافـی در این زمینه اطلاعاتی ندارم و زیاد فکر نکردم.

سبک بیرونی (اعتماد به نفس بالا): او سلیقه زیاد خوبی ندارد.

در این مثال، پاسخ اول نشانه بدبینانه بودن (درونی یا شخصی) و پاسخ دوم نشانه خوش‌بینانه (بیرونی و غیر شخصی) است.

در اینجا هم برای اتفاقات خوب برعکس بیان می‌شود. یعنی این که برای بیان اتفاقات خوب: سبک درونی، خوش‌بینانه و سبک بیرونی بدبینانه است.

افرادی که خود را مسبب اتفاقات خوب و موفقیت می‌دانند، اعتماد به نفس و عزت نفس بالاتری نسـبت به افرادی دارند که دیگران و عوامل بیرونی را مسبب اتفاق‌های خوب می‌دانند.

مثال: تیم فوتبال شـما در یک بازی سـخت برنده شـده و شما دروازبان بودید:

۱) همه بازیکنان ما خوب بازی کردند.

۲) من خیلی خوب بازی کردم.

← از امروز تمرین کنید که برای اتفاقات بد،
یک سبک موقت داشته باشید
و این باور را در خود ایجاد کنید که
دلیل اتفاقات بد هر چه باشد، قابل تغییر است.

← شما هم اکنون می توانید با مراجعه به کتاب از خوش‌بینی تا خوشنودی، میزان خوش‌بینی و بدبینی خود را بیازمایید.

گرگ‌ها مامور می‌شوند تا ...

در مباحث قبل، در مورد جادوگر پلید صحبت کردیم و این که وقتی شما در ابتدا به او اجازه ورود نمی‌دهید، با کینه‌توزی شروع به پرورش گرگ‌هایی می‌کند تا به عمق باورهای شما نفوذ کرده و سرزمین شما را تسخیر کنند.

این گرگ‌های فریب خورده اما آموزش دیده، فرصت‌طلب و چالاک هستند. با رخ دادن هر اتفاق بد، حتی اگر خیلی جزئی باشد، بلافاصله وارد عمل می‌شوند و از موقعیت به وجود آمده سوءاستفاده کرده و از درب ورودی عبور می‌کنند.

پس از ورود، با دو حالت روبه‌روی هستند، یا این که در برابر فیلتر کنترلی شما کم آورده، عقب‌نشینی کرده، وگرنه دستگیر یا اخراج خواهند شد و یا این که از فیلتر شما عبور می‌کنند که این بدترین حالت ممکن برای شماست مگر این که تکنیک‌هایی را آموخته باشید و دام‌هایی را در مسیر طراحی کرده باشید.

اگر شما در این زمینه دام یا تکنیکی ندارید، اصلاً جایی برای نگرانی نیست. این باور را به شما خواهم داد که اگر مباحث و تمریناتی را که در ادامه عنوان می‌کنیم، به دقت مطالعه و انجام دهید، به سادگی می‌توانید آن‌ها را شناسایی و از سرزمین زیبایتان دور کنید.

سؤالی که اینجا ممکن است پیش بیاید این است که این گرگ‌هایی که

موفق به عبور از فیلتر کنترل اولیه می‌شوند، چه مأموریتی دارند؟

گفتیم که مأموریت این فریب خورده‌ها بلافاصله بعد از رخ دادن یک اتفاق بد برای شما رخ می‌دهد. آن‌ها بر این تصور هستند که شما در این حالت دچار ضعف شده‌اید و آن‌ها می‌توانند از این ضعف بهره لازم را ببرند. بنابراین شروع به کار می‌کنند. هر کدام از آن‌ها بلافاصله پس از عبور از فیلتر، طبق آموزش‌هایی که دیده‌اند، دست به کار می‌شوند.

زمانی که یک رخداد بدی برای شما اتفاق می‌افتد، بلافاصله در ذهن شما احساسی به وجود می‌آید که این احساس اولین هدف این گرگ‌ها است. آن‌ها به‌واسطه وجود این احساس شروع می‌کنند به نفوذ در راهرو ویژه و به صورت مدوام با سرعت زیاد از آن‌جا رد می‌شوند. به گونه‌ایی که شما هیچ حرکتی غیر از آن را نمی‌بینید و حتی گاهی نمی‌توانید تشخیص دهید که این‌ها همان گرگ‌های دست‌نشانده هستند. بنابراین، هیچ اقدامی هم نمی‌توانید انجام دهید.

هر چه سرعت عبور آن‌ها بیشتر می‌شود، تأثیرگذاری آن‌ها بیشتر می‌شود. در این حالت چیزی که از ذهن شما می‌گذرد، دقیقاً همانی است که این گرگ‌ها در راهرو ویژه می‌کارند. شما این فکر را باور می‌کنید و دیگر قادر به تشخیص آن از واقعیت نخواهید بود و به این امر عادت خواهید کرد و در نهایت به نقطه‌ایی خواهد رسید که اگر در آینده اتفاقی شبیه به این رخ دهد، شما طبق عادت تسلیم خواهید شد.

پس بر اساس مطالبی که گفتیم، گرگ‌ها وظیفه دارند پس از رخ دادن اتفاق بد برای شما، بلافاصله به سرزمین شما نفوذ کرده و با عبور از راهرو ویژه، شما را مجبور به فکر کردن به آن‌چه که خودشان می‌خواهند کنند و آن‌قدر بر این روی این فکر مانور دهند، تا شما مجبور به واکنشی منفی شده و در نهایت به عنوان یک عادت برای شما ثبت گردد. دقیقاً اینجاست که شما تسلیم خواهید شد.

اینجاست که ضرورت شناخت این فریب خورده‌های فریب‌دهنده به شدت احساس می‌شود. فردی که توانایی شناسایی آن‌ها را در بدو ورود داشته باشد و یا این که بتواند فیلترها و دام‌هایی قدرتمند را در درب ورودی و به خصوص در ورودی راهرو ویژه داشته باشد، همیشه پیروز میدان خواهد بود و در سرزمین پهناور ذهنش همیشه آرامش جاری است.

یادتان باشد، همان‌طور که قبلاً گفتیم حال و هوای شما، خوشبخت یا بدبخت بودن شما، همانی است که در راهرو ویژه می‌بینید.

یک توضیح مختصر این که منظور از وقایع بد، فقط این نیست که حتماً یک فاجعه رخ بدهد. این واقعه بد می‌تواند شکست در یک بازی فوتبال باشد یا پاس نکردن یک درس برای یک دانشجو، یک تصادف رانندگی، یک دعوا با یک دوست، جواب سلام ندادن توسط یکی از دوستان و ... اتفاق‌های بزرگتر مثل مرگ و ...

همان‌گونه که ملاحظه می‌کنید، ممکن است یک اتفاق برای فردی، خیلی مهم و ناراحت‌کننده باشد، اما برای شخص دیگری اصلاً مهم نباشد. همه این موارد به نوع نگاه شخص بستگی دارد.

⬅ **وقایع زندگی باعث رنج و مشقت ما نمی‌شود بلکه طریقه نگاه ما، ما را خوشبخت یا بدبخت می‌کند.**

وضعیت زرد

به محض رخ دادن واقعه تلخ، دستور هوشیار باش و در صورت لزوم آماده‌باش صادر کنید.

حالا که متوجه شدیم گرگ‌ها دقیقاً چه زمانی حمله می‌کنند، عاقلانه‌ترین کار این است که بلافاصله پس از رخداد تلخ (اتفاقی که کام ما را تلخ می‌کند) دستور آماده‌باش صادر کنیم و تمام نیروها و فیلترها را به حالت ویژه فعال نماییم.

این یک امتیاز ویژه و ارزشمندی است که شما لحظه حمله دشمن را می‌دانید و تاکتیک او را می‌فهمید. این امر به شما کمک می‌کند تا قبل از هجوم یا به محض حمله آن‌ها به راحتی، با آمادگی تمام، نسبت به خنثی کردن دسیسه‌های آنان اقدام کنید و پیروز میدان باشید.

بنابراین یادتان باشد، هر زمانی که اتفاق بدی رخ دهد، وضعیت زرد اعلام کنید. کافی است فقط چند بار به خود اعلام کنید: (وضعیت زرد است). حتی می‌توانید صدای آژیرش را هم در ذهن‌تان مجسم کنید.

ممکن است این سؤال پیش بیاید که فرض بر این که ما موفق شدیم به خوبی وضعیت زرد را اعلام کنیم، چه کمکی به ما می‌کند؟

شما با اعلام وضعیت زرد، دستاوردهایی خواهید داشت از جمله این که می‌دانید که حمله‌ایی در راه است و آماده نبرد می‌شوید و مورد بعدی این که

فراموش نمی‌کنید که هر تفکر و باور غلطی که به شما نزدیک می‌شود، نتیجه تلاش دشمن آرامش شماست و خیلی راحت‌تر آن‌ها را شناسایی خواهید کرد و به مقابله با آنان خواهید پرداخت.

کافی است فقط مدتی این وضعیت را خودتان فعال کنید و از مزایای آن بهره ببرید، بعد از مدتی که این وضعیت را به‌صورت دستی فعال کردید، دیگر به صورت نامحسوس و خودکار این وضعیت فعال می‌شود و فیلترها شروع به کار می‌کنند.

وقتی آژیر به صدا درمی‌آید

یک اتفاق تلخ رخ داده و شما وضعیت زرد را به خوبی اعلام کرده‌اید. حالا در این وضعیت چه اقداماتی باید انجام دهیم؟

ما یک سری تکنیک‌ها را از قبل یاد گرفتیم، اما نمی‌خواهیم در این مرحله از آن تکنیک‌ها استفاده کنیم. ما می‌خواهیم در این مرحله دشمن را غافلگیر کنیم. اما چه جوری؟

در وهله اول این که ما می‌دانیم که دشمن می‌خواهدحمله کند و دقیقاً چه نقشه‌ایی دارد، به‌عبارتی دستش را خوانده‌ایم.

اگر خاطرتان باشد، گفتیم که به محض وقوع اتفاق تلخ، گرگ‌ها دست به کار می‌شوند! بهترین کاری که می‌توانید انجام دهید، فاصله بین اتفاق و تفکر را بیش‌تر کنید با این کار فرصت بیشتری به نیروهای خودی داده‌اید تا به آمادگی صددرصد برسند و هم فرصت تعیین شده گرگ‌ها را از آن‌ها گرفته‌اید و آن‌ها را دچار تزلزل و سردرگمی و بی‌نظمی می‌کنید.

تکنیک‌های زیادی برای مقابله وجود دارد. مثل:

تکنیک کش

که این روزها خیلی مرسوم و استفاده از آن هم بسیار ساده است. به این صورت که یک کش، مثلاً کش‌هایی را که به دور پول می‌بندند، به دور مچ

دست خود ببندید و هر زمان که احساس کردید فکر منفی به سراغ شما آمد، کش را بکشید و رها کنید. با این کار سیستم فکری شما به هم می‌ریزد.

تکنیک تنفس

تنفس به این شیوه شما را آرام خواهد کرد و تمرکز بهتری برای مقابله با افکار منفی خواهید داشت. با چهار شمارش، عمل دم را انجام دهید، شانزده شمارش نفس را حبس کنید و با هشت شمارش بازدم داشته باشید.

تکنیک خاموش خاموش

به محض این که افکار منفی نمایان شد، با بیان عبارت (خاموش خاموش) به ذهن خود دستور می‌دهید تا با خاموش کردن و ساکت نمودن آن فکر، دست از سر این فکر بردارد و آن را رها کند.

شما می‌توانید با این تکنیک‌ها، فاصله لازم بین اتفاق و تفکر را به وجود آورده و از به هم ریختگی گرگ‌ها استفاده کرده و همه آن‌ها را دستگیر و به کمپ انتقال دهید. با این کار، علاوه بر حفظ آرامش سرزمین خود، موفق خواهید شد تا با انتقال آن‌ها به کمپ، در واقع رسیدگی به آن‌ها را به زمانی در آینده موکول کنید، که این امر یکی از مؤثرترین نحوه برخورد با افکار بدبینانه است.

اگر صدای آژیر وضعیت زرد را به خاطر ندارید، یادآوری می‌کنم که آژیر وضعیت زرد یا آماده‌باش، به صورت ممتد به مدت ۳ دقیقه به صدا در می‌آید که نشان‌دهنده این است که احتمال حمله هوایی وجود دارد، اما قطعی نیست.

چشمه سحرآمیز

توجه داشته باشید که هر نوع احساس شما از جایی سرچشمه می‌گیرد و آن سرچشمه، چیزی نیست جز تفکر شما. بنابراین اگر بتوانید تفکرتان را عوض کنید، احساس‌تان هم عوض می‌شود. حال هر چه تفکر زیباتری داشته باشید، احساس بهتری هم خواهید داشت.

برای همین امر بود که بنده اصرار داشتم که تا می‌توانید نیروهای زیبای خفته را افزایش دهید. تا می‌توانید بیشتر و بیشتر آن‌ها را بنویسید و با خود تکرار کنید. اگر احساس می‌کنید هنوز مواردی هست که یادداشت نکرده‌اید می‌توانید دوباره به لیست خود برگردید و لیست خود را کامل‌تر کنید.

چشمه فکر، همان چشمه سحرآمیزی است که باید امروز دنبالش بگردید تا این که آن را پیدا کنید. این چشمه در بهترین نقطه سرزمین شما قرار دارد. قبلاً هم در مورد حساسیت این منطقه تأکید کردیم. حدس شما درست است، دقیقاً در راهرو ویژه، چشمه زلالی جای دارد که به محض ورود و حرکت گرگ‌ها، شروع به گل‌آلود شدن می‌کند و به واسطه آن، احساس و حال شما نیز خراب می‌شود.

وقتی که این چشمه گل‌آلود می‌شود، موادی از آن به بیرون انتشار پیدا می‌کند که باعث مسموم شدن و گاهی خفگی زیبای خفته می‌شود. تا جایی که می‌توانید باید تلاش کنید تا این اتفاق رخ ندهد. اما لازم است عنوان کنم که،

شما می‌توانید اگر بخواهید.

← خواستن، اولین گام برای توانستن است و گام بعدی حرکت شماست به سوی آن چه که می‌خواهید.

قدرتمند اما عجیب

ما انسان‌ها چه موجودات قدرتمند اما عجیبی هستیم، قدرتمند هستیم به این دلیل که خداوند در نهاد ما، ابزارهایی خارق‌العاده قرار داده، ابزاری مثل اختیار، تفکر و...

عجیب هستیم از این جهت که با وجود دارا بودن این‌چنین قدرت‌هایی، باز هم خود را ضعیف تصور می‌کنیم، مگر ما فرمانروای سرزمین ذهن خود نیستیم، مگر خداوند اختیار را به ما نداده است؟ پس چرا هنوز گاهی وقت‌ها احساس می‌کنیم که نمی‌توانیم؟ خیلی واضح است: چــون در آن لحظه به خوبی از قدرت تفکر و اختیار خود استفاده نکرده‌ایم.

دوستی را می‌شناسم که هر زمانی که می‌خواهد کاری را انجام دهد، بارها و بارها تکرار می‌کند: خیلی سخت است، من نمی‌توانم.

این حس ناتوانی و ضعف، دقیقاً از تفکر او سرچشمه می‌گرفت و هر بار که این جملات را برای خودش تکرار می‌کرد، تیشه‌ای به ریشه توانش می‌زد. وقتی که به او می‌گفتم بهترین کار این است که تفکرت را عوض کنی، خیلی زود عصبانی می‌شد و می‌گفت: «تو نمی‌توانی درک کنی، این کار واقعاً سخت است. اگر تو جای من بودی چه می‌کردی؟»

جواب من فقط این جمله بود و دقیقاً نوع مثبت جمله منفی خودش:

"ممکنه این کار سخت باشه، اما من مطمئنم که می‌توانم از پسش بر بیام."

حال اختیار انتخاب با شماست، می‌توانید این چشمه سحرآمیز را همیشه زلال نگه دارید، یا این که اجازه دهید با هر رخدادی، گل‌آلود شود.

گاهی وقت‌ها نباید در معرض ناملایمات قرار بگیرید

تا حالا به این فکر کرده‌اید که با دیدن چه وقایعی حالتان بد می‌شود؟ تا حالا به این موضوع توجه کرده‌اید که با شنیدن چه مطالبی به هم می‌ریزید؟

تصور کنید در یک خیابان در حال عبور هستید، یک تصادف در آن لحظه اتفاق افتاده است. شما جزء کدام دسته هستید؟ افرادی که با دیدن چنین صحنه‌هایی حالشان بد می‌شود و تا چند روز با آن درگیر خواهند بود، یا افرادی که خیلی زود فراموش می‌کنند و تأثیر چندانی بر حال و روحیه آن‌ها نمی‌گذارد؟

به هر حال، دیدن صحنه‌های دلخراش تأثیرات خود را بر حال شما خواهد گذاشت، اما اگر شما جزء دسته اول هستید به شما پیشنهاد می‌کنم تا جایی که برایتان مقدور است از دیدن چنین صحنه‌هایی به شدت خودداری کنید. حتی از افرادی که حال شما را بد می‌کنند یا حرف‌هایی که باعث می‌شود شما افسرده یا ناامید شوید، نیز دوری کنید.

این مسئله می‌تواند مثل این باشد که شما بدانید که خوردن یک خوراکی شما را مسموم می‌کند، اما باز هم از خوردن آن خودداری نکنید.

دیدن کلیپ‌ها و فیلم‌های این‌چنینی نیز از این دسته مواردی هستند که باید مشاهده آن را منع کنید.

در کادر زیر، مواردی از این قبیل را که در زندگی شما وجود دارد، بنویسید:

من .... تعهد می‌دهم که از امروز و دقیقاً همین لحظه یعنی ساعت .... تاریخ .... از مواردی که با دیدن و یا شنیدن آن، حالم بد می‌شود و به آرامش من لطمه می‌زند، به شدت خودداری کنم.

امضاء

ریموت خوش‌بینی

در ادامه موضوعی را که مدتی پیش با آن روبه‌رو شدم و تأثیر زیادی در نوع نگاه من داشت، تعریف کنم. اتفاقی که باعث شد تا من صاحب یک ریموت جادویی شوم.

چند وقت پیش زمانی که برای تنظیم قراردادی به دفتر یکی از دوستان رفته بودم، وی مشغول تماشای فیلمی بسیار غم‌انگیز از تلویزیون بود. این را از حالت چهره و لرزش صدایش متوجه شدم. از او پرسیدم: چیزی شده؟

گفت: خیلی فیلم قشنگیه، تحت‌تأثیرقرار گرفتم! هر وقت که از این فیلم‌ها می‌بینم تا مدت‌ها ذهنم درگیر آن و احساسات مربوط به آن می‌شود.

از او پرسیدم خب تو که تحت‌تأثیر قرار می‌گیری و به هم می‌ریزی چرا به دیدن این فیلم‌ها ادامه می‌دهی؟! برای چه باعث ناراحتی خودت می‌شوی و اجازه ورود افکار منفی به ذهنت می‌دهی؟ آن هم زمانی که فرار از این افکار به‌راحتی فشردن یک دکمه ریموت کنترل تلویزیون است!

این اتفاق مرا واداشت تا از زاویه‌ایی متفاوت‌تر به افکار نگاه کنم. افکاری که می‌توانیم به‌محض تشخیص منفی و مخرب بودنشان، با فشردن دکمه ریموت کنترل خاموش یا عوض کنیم.

درست همان کاری که خوش‌بینی با حوادث ناگوار و افکار منفی ناشی از آن می‌کند. خوش‌بینی فیلم اندوهناک (افکار منفی) را خاموش نمی‌کند، بلکه شبکه را عوض می‌کند.

چگونه ریموت کنترل افکارمان را در دست بگیریم؟

همان‌گونه که قبلاً هم در مورد نحوه کنترل افکار منفی توضیح دادیم، یکی از بهترین و مؤثرترین راه‌های برخورد با باور منفی این است که نشان دهیم و ثابت کنیم این افکار و باورها در حقیقت، غلط هستند و حقیقت چیز دیگری است.

همچنین بر هم زدن تمرکز خود از آن افکار، نیز یکی دیگر از راهکارها بود.

حالا درست مثل این است که ما مطمئن شدیم این تلویزیون یک ریموت کنترل دارد و کار آن هم ایجاد تنظیمات دلخواه ما و نمایش شبکه‌هایی است که باعث نشاط و خوشنودی ما خواهند شد.

بنابراین به دنبال ریموت گشته و آن را در دست می‌گیریم. برای این کار کافی است که ابتدا بخواهیم که به این تکنیک دست پیدا کنیم. یا به عبارتی بخواهیم که ریموت را در دستان خود داشته باشیم.

همان‌گونه که فیلم‌ها و شبکه‌های تلویزیون را خودمان انتخاب می‌کنیم، می‌توانیم فقط افکاری را در ذهن خود جای دهیم که دلخواه ماست و ذهن خود را با افکار مثبت و سالم پر کنیم.

چگونه ریموت خوش‌بینی خود را پیدا کنیم؟

یک فرد خوش‌بین، همیشـــه و در هر موقعیتی به دنبال بهترین‌هاســت و انتظار رخ دادن چیزهای خوب را دارد. خوش‌بین بر این باور است که، انتظار می‌رود و یا امیدوارم که همه‌چیز به نوبه خود خوب باشد و خواهد بود. حتی اگر چیز بدی اتفاق می‌افتد، مانند از دست دادن شغل...

خـوش می‌بینـــد و این‌گونه فکر می‌کند که با از دســت دادن این کار، من اجازه شـــروع کسب‌وکار خودم را خواهم داشت. شاید من در خوداشتغالی موفق‌تر خواهم بود و این یک فرصت جدید است، تا شروع کنم.

در واقع ما باید یاد بگیریم که چگونه افکار منفی خود را به افکار خوش‌بینانه تبدیل کنیم.

حال انتخاب با شماست، می‌توانید با چند تکنیک ساده خوش‌بینی، زندگی خود را سرشار از شادی و خوشنودی کنید، یا این که مثل دوست من، همچنان درگیر افکار مخرب و منفی باشید. اما یقین دارم همه ما به دنبال خوشنودی هستیم و برای رسیدن به آن تلاش خواهیم کرد.

پس ریموت افکار خود را پیدا کنید و با چند راهکار ساده، آن را به ریموت خوش‌بینی تبدیل کنید.

بازجویی از گرگ‌ها

گرگ‌ها را از آن جهت گرگ‌های فریب‌خورده نامیدیم که آن‌قدر آن‌ها آموزش‌ها و دوره‌های عمیقی دیده‌اند و به‌عبارتی شستشوی مغزی شده‌اند که بر این باور هستند که کاری که می‌کنند، کاملاً درست است. در حالی که بر خلاف تصورات آنان ما بر این باوریم که سخت در اشتباه هستند، اما تغییرپذیرند. بنابراین، در این مرحله سعی می‌کنیم تا از آن‌ها بازجویی کنیم و آن‌ها را در مسیر و موقعیتی قرار دهیم که متوجه اشتباه خودشان بشوند.

برای این کار، یکی از آنان را فرا می‌خوانیم و از او می‌خواهیم تا در مورد صحت و سقم ماجرا و حرف‌هایی که می‌زند توضیح دهد. حتماً شما دیده‌اید وقتی می‌خواهند جرمی را ثابت کنند، مجرم را به صحنه جرم می‌برند و آن را بازسازی می‌کنند. در اینجا هم قصد داریم همین کار را بکنیم. در این بازسازی از او می‌خواهیم که سه مورد زیر را عنوان کند:

۱) اتفاق بد

۲) باور

۳) نتیجه‌گیری

اتفاق بد: در اینجا دقیقاً همان چیزی که اتفاق افتاده، ملاک کار ماست، حس، باور و ارزیابی در این بند ثبت نمی‌شود. در واقع، این اتفاق همان موقعیتی است که این گرگ توانسته به واسطه آن، به سرزمین شما نفوذ کند.

باور: همان اعتقادی است که گرگ‌ها بعد از اتفاق بد و پس از ورود در ذهن شما القاء می‌کنند تا شما تلخکامی را برای خود تفسیر کنید. (آنچه که شما فکر می‌کنید).

نتیجه‌گیری: در این قسمت احساس خود را بیان کنید، احساسی که به واسطه این اتفاق در شما به وجود آمده و عملی که به واسطه آن احساس انجام دادید (آنچه که شما انجام می‌دهید).

برای روشن شدن این موضوع، با یک مثال ادامه می‌دهیم.

اتفاق بد: من با یکی از بهترین دوستانم تماس گرفتم، اما او به تلفن من پاسخ نداد.

باور (آنچه من فکر می‌کنم): چرا به تلفن من جواب نداد؟ حتی اگر دستش بند هم بود، باید جواب می‌داد. من همیشه آدم بی‌ملاحظه‌ای هستم که به او زنگ می‌زنم. او هیچ وقت سر وقت به تماس من جواب نمی‌دهد.

نتیجه‌گیری (کاری که من انجام دادم): تمام روز را افسرده بودم و به این موضوع فکر می‌کردم.

همان‌طور که ملاحظه می‌کنید، صحنه جرم را توانستیم بازسازی کنیم. حالا بیایید با هم آن را تفسیر کنیم:

زمانی که بهترین دوستم به تماس من پاسخی نداد، من افکاری بدبینانه (دائمی، فراگیر، شخصی) داشتم، بنابراین خیلی طبیعی است که افسرده شوم. اگر باور من (موقت، خاص و خارجی) بود، چه اتفاقی می‌افتاد؟

اتفاق بد: من با یکی از بهترین دوستانم تماس گرفتم، اما او به تلفن من پاسخ نداد.

باور: این روزها خیلی سرش شلوغ شده، شاید الان شرایط مناسبی ندارد و به همین خاطر جواب تلفن مرا نداده است.

نتیجه‌گیری: نسبت به آن اتفاق و همچنین دوستم هیچ احساس بدی ندارم و خیلی عادی روزم سپری می‌شود.

حالا با هم، ارتباط بین باور و نتیجه‌گیری را پیدا می‌کنیم:
همان‌طور که در مثال اول ملاحظه می‌کنید، باور و توضیحات بدبینانه موجب ناراحتی و افسردگی خواهد شد و توضیحات خوش‌بینانه موجب می‌شود تا با انرژی بیشتری ادامه دهیم.

پس در مرحله اول، بازجویی و بازسازی صحنه جرم را انجام دهید و سپس ارتباط بین باور و نتیجه‌گیری را پیدا کنید. در مرحله بعدی، باورهایی را که به‌صورت عادت، بعد از اتفاق‌های بد برای شما به وجود می‌آیند، پیدا کنید.

اگر باورهای عادتی را که به دنبال اتفاق بد می‌آیند، تغییر دهید، به موازات آن، واکنش و نتیجه‌گیری شما نیز تغییر خواهد کرد.

هر چه خوش‌بینانه‌تر فکر کنید، خوشنودتر و هر چه بدبینانه فکر کنید و مسائل را برای خود بدبینانه تفسیر کنید، به افسردگی نزدیک‌تر خواهید شد.

حداقل پنج گرگ را احضار و به روش زیر صحنه را بازسازی و ارتباط بین باور و نتیجه‌گیری را پیدا کنید:

اتفاق بد:
باور:
نتیجه‌گیری:
ارتباط بین باور و نتیجه‌گیری:

اتفاق بد:
باور:
نتیجه‌گیری:
ارتباط بین باور و نتیجه‌گیری:

اتفاق بد:
باور:
نتیجه‌گیری:
ارتباط بین باور و نتیجه‌گیری:

اتفاق بد:
باور:
نتیجه‌گیری:
ارتباط بین باور و نتیجه‌گیری:

اتفاق بد:
باور:
نتیجه‌گیری:
ارتباط بین باور و نتیجه‌گیری:

حالا هر کدام را برای خود تفسیر کنید و ببینید باورهای عادتی شما چه باورهایی هستند؟

۱-
۲-
۳-
۴-
۵-

اگر باورهای شما چگونه بود نتیجه بهتری داشتید؟

۱-
۲-
۳-
۴-
۵-

گام چهارم:
ناقوس جنگ

چرا جنگ؟

تا اینجا اطلاعات زیادی به دست آورده‌اید، گرگ‌ها را هم تخلیه اطلاعاتی کرده‌اید و دقیقاً می‌دانید که چه زمانی حمله می‌کنند؟ چرا حمله می‌کنند؟ چگونه نفوذ می‌کنند؟ و تا حدودی آموختید که چگونه در زمان حمله از سرزمین خود دفاع کنید.

حال وقت آن است که شما لشکرکشی و به آن‌ها حمله کنید. ممکن است این جنگ مدت‌ها به طول بیانجامد. اما مطمئناً تأثیرات خوبی بر جای خواهد گذاشت و پیروزی شیرینی خواهید داشت.

این دشمن قرار نیست به این راحتی دست از سر شما بردارد و اگر قاطعانه با آن‌ها برخورد نکنید، از هر فرصتی برای آزار شما استفاده می‌کنند و آرامش شما را به هم خواهند زد. شما دائماً باید در حال دفاع از سرزمین خود باشید.

یک تیم فوتبال را در نظر بگیرید، اگر این تیم در طول بازی در لاک دفاعی باشد و حمله نکند، آیا می‌توان به پیروز شدنش خوش‌بین بود؟ مسلماً خیر! تیمی که دفاعی بازی کند و حمله نکند، بالاخره گل خواهد خورد.

بنابراین لازم است برای این که تا همیشه از شرّ این دشمنان خلاص شوید در تدارک یک حمله تاکتیکی و مطمئنی باشید. مبارزه با این گرگ‌ها که باعث ناآرامی و به هم ریختگی شما می‌شوند، می‌تواند باعث تغییر واکنش عادتی شما شود و شما با حس افسردگی و تسلیم شدن برای همیشه خداحافظی

کرده و دائماً خوشنود باشید.

در این جنگ به دو تاکتیک بسنده می‌کنیم. البته این دو تاکتیک بسیار مؤثر و کارآمد هستند.

پس بدون درنگ، ناقوس را به صدا درآورید و آماده نبرد شوید.

به هم زدن تمرکز

اولین تکنیکی که باید اجرا کنید، به هم زدن تمرکز است، یعنی این که حواس خودتان را به سمت موضوع دیگری پرت کنید. با این کار، نه تنها به گرگ‌ها فرصت حمله نداده‌اید، بلکه ضعف‌شان را نیز به رخشان کشیده و باعث تضعیف روحیه‌شان خواهید شد.

در این مرحله می‌توانید از تکنیک‌هایی که در وضعیت زرد استفاده کردید بهره بگیرید. یعنی تکنیک‌های کش، خاموش خاموش و تنفس.

مهمات و ابزار جنگ

برای رویارویی با گرگ‌هایی که آن‌قدر موذیانه نفوذ می‌کنند، باید به اندازه کافی مهمات داشته باشید و بتوانید از ابزارها و تکنیک‌های ویژه‌ای بهره بگیرید تا بتوانید آن‌ها را وادار به تسلیم شدن کنید. ابزارها و ادوات جنگی مورد نیاز شما عبارتند از:

شواهد

همان‌گونه که قبلاً گفتیم، این گرگ‌ها فریب‌خورده هستند، پس باید آن‌ها را با حقیقت آشنا کرد، اما مشکل اینجاست که با توجه به هجومی که می‌آورند و تنش‌هایی که ایجاد می‌کنند، حقیقت پنهان می‌ماند و این شما هستید که باید با تمام قوا برای روشن شدن چراغ حقیقت مبارزه کنید.

به طور مثال، معمولاً وقتی که خبری را می‌شنوید، اولین سؤالی که از طرف

مقابل‌تان می‌پرسید، این است: از کجا معلوم؟ یا به‌عبارتی، بر اساس چه شواهدی؟

در اینجا هم شواهد را بررسی می‌کنید. این اطمینان را به شما خواهم داد که هیچ کدام از این گرگ‌ها، هیچ شاهد یا دلیل قانع‌کننده‌ایی نخواهند داشت.

مثال: شما فروشنده بیمه عمر هستید و در این هفته، تنها ۵ فقره بیمه‌نامه فروخته‌اید. شما بر این باور هستید که بدترین عملکرد این هفته را در بین همکاران‌تان داشته‌اید. شواهد را بررسی می‌کنید و متوجه می‌شوید که چند نفر از همکاران‌تان عملکرد کم‌تری از شما داشته‌اند.

شما با یک بررسی ساده توانستید از اتهام ضعیف‌ترین فروشنده این هفته رها شوید. بنابراین تا می‌توانید سعی کنید به دنبال شواهدی باشید که افکار بدبینانه شما را غیر معقول نشان دهد.

گزینه‌ها

یکی دیگر از جنایت‌هایی که گرگ‌ها مرتکب می‌شوند این است که ذهن شما را بر روی همان فکرمنفی که موردنظرشان است متمرکز می‌کنند و قدرت بررسی سایر افکار و گزینه‌ها را از شما می‌گیرند.

اما حقیقت این است که هر اتفاقی که رخ می‌دهد، ممکن است چندین دلیل داشته باشد. مثلاً اگر در امتحان رانندگی رد شدید، دلایل متعددی می‌تواند در رد شدن شما نقش داشته باشد: چقدر تمرکز داشتید؟ افسر چقدر سختگیر بوده است؟ ماشینی که با آن تست دادید، مشکل داشت؟ از تعدادی که شرکت کرده بودند، چند نفر موفق شدن قبول شوند؟ یا این که در آن روز کسالت داشتید؟

هر چه فرد بدبین‌تر باشد، گزینه‌های بدتر را انتخاب می‌کند. شما باید یاد بگیرید که با ایجاد گزینه‌های خوش‌بینانه‌تر قدرت نفوذ تأثیرات منفی عادات مخرب را بگیرید.

استنباط‌ها

در این مرحله از خود بپرسید، استنباط من از این اتفاق چیست؟ وقتی که در امتحان رانندگی رد شدید، استنباط شما از این اتفاق چه بود؟ آیا شما خود را شخصی بی‌استعداد تلقی کردید؟ یا بر این باور بودید که افسر سختگیر بود؟

هر زمان که استنباط بدبینانه داشتید به دنبال شواهد و گزینه‌های بیشتری بگردید و مجدداً آن را بررسی کنید.

مفید بودن (انرژی)

گاهی از خود بپرسید که آیا فکر کردن به این موضوع و بررسی کردن آن فایده‌ایی برای من دارد؟ گاهی به جای این که روی فکری متمرکز شویم و دائماً آن را بررسی کنیم و با آن بجنگیم، بهتر و مفیدتر است که ذهن خود را منحرف کنیم و بی‌خیال آن شده و با آن کنار بیاییم.

تصور کنید شما در حال آزمون رانندگی، دائماً به این فکر می‌کنید که رد خواهید شد، نتیجه این خواهد بود که دچار استرس شده و تمرکز لازم را نداشته و عملکرد خوبی هم بروز نخواهید داد. در این حالت، مفیدتر این است که با این افکار سر جنگ نداشته و سعی کنید با تکنیک‌هایی که قبلاً مطرح کردیم، تمرکز خود از آن فکر را بر هم بزنید.

این تمرین به شما کمک خواهد کرد تا در هنگام مبارزه واقعی به آسانی بتوانید عمل کنید.

از این تمرین، بدون اجرا نگذرید. با توجه به مثال‌هایی که عنوان شد در کادر زیر حداقل یک مورد از مبارزه خود را ثبت کنید:

وقایع بد:

باور:

استنباط (نتیجه‌گیری):

مبارزه:

مفید بودن:

اردوگاه

گاهی ممکن است هیچ اتفاق بدی رخ ندهد، آیا باید منتظر وقوع آن بمانید؟

زمانی که به مبارزه می‌پردازید، باید از هر نظر آماده بوده و بر تکنیک‌ها مسلط باشید. بنابراین شما برای آماده‌سازی نیروهای خود به یک اردوگاه آموزشی نیاز دارید.

در این اردوگاه، صحنه‌های جنگ را شبیه‌سازی می‌کنید و در واقع مانورهایی را تدارک خواهید دید.

مانور را به دو روش می‌توانید انجام دهید:

۱) تنها و روبه‌روی آینه

۲) با کمک یک دوست

هر دو روش فوق، تأثیرات لازم را به جا خواهد گذاشت و موجب آمادگی شما برای مبارزه خواهد شد. اما پیشنهاد من این است که از روش دوم، یعنی از یکی از دوستان خود کمک بگیرید. زمانی که از یک دوست در این تمرین کمک می‌گیرید، پیوند احساسی و همدردی بین شما نیز تقویت می‌شود.

مانور به این شکل است که دوست شما باورهای منفی شما را با صدای بلند برای شما بازگو می‌کند و شما نیز با صدای بلند به مبارزه با اتهامات او می‌پردازید. (این تکنیک را برون‌سازی صدا می‌نامند).

در این تمرین، دوست شما به انتقاد از شما می‌پردازد و شما نیز به مبارزه ادامه می‌دهید. این تمرین را ۲۰ دقیقه انجام دهید.

نکته: شخصی را که برای این تمرین از او کمک می‌گیرید، باید از نظر احساسی مورد اعتماد شما باشد. حتی می‌تواند همسر شما باشد تا مطمئن باشید که در برابر او حالت تدافعی نمی‌گیرید. باید خودتان و دوست شما فراموش نکنید که این فقط یک تمرین است و به وی اطمینان بدهید که شما در این حالت از انتقاد او ناراحت نمی‌شوید و مجاز است که انتقاد کند.

بهترین حالت این است که وقایع و باورهای منفی مطرح شود که شما را متاثر می‌کند.

وقتی دوست شما با صدای بلند باورهای منفی شما را اعلام می‌کند و شما با تمام قوا، با بیان تمام توضیحات سعی کنید دلایلی را پیدا و مطرح کنید تا آن را نقض نمایید. دوست شما می‌تواند صحبت شما را قطع کرده و با مبارزه شما مبارزه کند.

مثال:

وقایع بد: وقتی که به‌همراه یکی از دوستان برای دریافت ریزنمرات فرزندتان به مدرسه رفته‌اید و می‌بینید که نمرات فرزند شما همانی نیست که شما انتظارش را داشته‌اید.

اتهام (توسط دوست شما): خیلی نمرات وحشتناکی است، احتمالاً بدترین نمرات کلاس را گرفته باشد. چطوری می‌توانی این عملکرد را تحمل کنی، این جواب این همه امکانات و رفاهیاتی است که برای او فراهم کردی؟ زمان خودمان که هیچ امکاناتی نبود، خیلی نمرات بهتری داشتیم. چطور می‌توانی این وضعیت را تحمل کنی؟ فکر می‌کنم شما نمی‌توانید ارتباط خوبی با فرزندتان برقرار کنید. شاید هم او از شما هیچ حسابی نمی‌برد.

مبارزه: نمرات آن‌قدر هم وحشتناک نیست، دلیلی وجود ندارد که او ضعیف‌ترین شاگرد کلاس باشد (شواهد). مقایسه زمان ما با این زمان نفعی

به حال ما ندارد (مفید بودن)، با افزایش امکانات، خیلی دغدغه‌ها عوض شده (گزینه)، ما که نمرات همکلاسی‌های او را ندیده‌ایم (شواهد)، این موضوع به این معنی نیست که او از ما حساب نمی‌برد (استنباط).

دوست شما مبارزه را قطع می‌کند: اصلاً فکر نمی‌کردم این قدر بی‌تفاوت باشید، این‌قدر سرگرم کار و زندگی خود هستید که به درس فرزندتان توجه نمی‌کنید.

ادامه مبارزه: این روزها مشغله‌هایمان زیاد شده و شاید کم‌تر به او توجه کرده باشیم (گزینه‌ها)، اما برنامه‌ریزی می‌کنیم و می‌توانیم این وضعیت را بهبود بدهیم (مفید بودن)، عصبانی شدن و تحقیر کردن او یا سرزنش کردن خودمان مشکلی را حل نمی‌کند. بهتر است بیشتر با او کار کنیم (مفید بودن). این تمرین را حتماً انجام دهید، تا در مبارزات واقعی با یک آمادگی بهینه و منسجم عمل کنید.

مبارزه

شـما در انتهای گام سوم و در بحث بازجویی از گرگ‌ها، بازسازی صحنه را یاد گرفتید و باورهای عادتی خودتان را شـناختید. در این مرحله، ابزار و مهمات لازم را به دسـت آورده‌اید، حال به جنگ همین باورها خواهید رفت. پس این جنگ پس از بازسازی صحنه رخ خواهد داد.

مثال:

وقایع بد: **من فرزندم را در یکی از بهترین مدارس با شهریه‌ایی بسیار بالا ثبـت نام کردم. وقتی برگه‌هـای اولین امتحاناتش را دیدم، تقریباً نتیجه آن نیست که من می‌خواستم. من کلی از وی نزد مدیر تعریف کرده بودم.**

باور: **چه نمرات وحشتناکی! بدون شک بدترین نمرات در کلاس را گرفته اسـت. او بسیار تنبل اسـت. همان بهتر که در یک مدرسه عادی ثبت نامش می‌کردم. او به هیچ وجه توانایی رقابت با سایر همکلاسی‌های خود را ندارد. من چقدرسـاده هسـتم که با این هزینه، او را در این مدرسه ثبت نام کردم. دیگر کاری از من ساخته نیست.**

نتیجه‌گیری: **من احسـاس کردم تمام زحماتم به هدر رفته اسـت و کاملاً غمگین شده‌ام. احساس شرمندگی می‌کنم، از این که با مدیر مدرسه رو به رو شوم. تصمیم گرفتم مدرسه‌اش را عوض کنم و به یک مدرسه عادی ببرمش.**

مبارزه: **من مسائل را واقع بینانه نمی‌بینم. درست است که من انتظار داشتم**

او در تمام درس‌ها عالی شـود، اما نمره خوب هم نمره وحشـتناکی نیسـت. قطعاً این نمره بدترین نمره کلاس نیسـت و او از خیلی از همکلاسـی‌هایش باهوش‌تر اسـت. مطمئنم با تلاشـی که من در او می‌بینم، امتحانات بعدی را بهتـر از این خواهد بـود. بهترین کار را انجام دادم که در این مدرسـه ثبت نامش کردم.

انرژی (غنائم جنگی): احساسم نسبت به خودم و فرزندم خیلی بهتر شد. دیگر تصمیم ندارم مدرسه‌اش را عوض کنم. احساس رضایت بیش‌تری دارم و اصلاً غمگین و شرمنده نیستم. به راحتی می‌توانم با مدیر روبه‌رو شوم.

دو مورد از گرگ‌ها را احضار کنید و با اسـتفاده از تکنیک بالا به مبارزه با آن‌ها بپردازید:

وقایع بد:

باور:

نتیجه‌گیری:

مبارزه:

انرژی:

وقایع بد:

باور:

نتیجه‌گیری:

مبارزه:

انرژی:

گرگ‌ها را گیاه‌خوار کنید

برای این‌که بتوانید برای همیشــه از شــر این گرگ‌ها خلاص شوید، باید آن‌ها را اصلاح کنید، البته آن‌هایی که قابل تغییر هستند.

گرگ‌ها، زمانی دیگر توانایی آســیب رســاندن به شما را نخواهند داشت کــه بتوانید با اســتفاده از راهکارها و تکنیک‌های مبارزه، تمام دسیسه‌ها و حملات‌شان را بی‌اثر کنید.

تکنیک‌هایی که در بخش اردوگاه و مبارزه عنوان کردیم، دقیقاً این کار را انجام می‌دهد. با این تکنیک‌ها آن‌ها را به چالش بکشید.

یک بازی ساده

این یک بازی ســاده، اما بسیار کاربردی اســت. شما می‌توانید این بازی را در برنامه روزانه خود داشته باشید و حتی در جمع دوستانه یا خانوادگی، آن را انجام دهید. در این بازی شما باید در یک ستون، کلمات منفی و در ستون دیگر، کلمات مثبت را ثبت کنید. با این کار بعد از مدتی ذهن شما به راحتی و خیلی سریع تشخیص داده و عکس‌العمل نشان خواهد داد، تا در برابر الفاظ منفی از واژه‌های مثبت استفاده کند.

مثال:

−	+
بد	خوب
زشت	زیبا
غمگین	شادمان
ترسو	شجاع
ضعیف	قوی
ناامید	امیدوار
بدبین	خوش‌بین

از هر فرصت استفاده کرده و این بازی را انجام دهید. به بچه‌های خود نیز این بازی را یاد داده و با آن‌ها نیز این بازی را انجام دهید.

بهترین حالت ممکن این است که در ستون منفی از کلماتی استفاده کنید که در لیست افکار منفی خود دارید.

گام پنجم:
جشن پیروزی

ملزومات شادی
زنبیل شادی

تا حالا به این فکر کرده‌اید که چه چیزی یا چه موضوعی باعث شاد شدن شما می‌شود؟ یا این که میزان شادی شما چقدر است؟

اگر همین الان به شما بگویند باید جشنی را ترتیب دهید به چه چیزهایی نیاز خواهید داشت؟ با شنیدن چه خبری احساس شادی می‌کنید؟

این‌ها سؤال‌هایی هستند که تنها خود شخص شما توانایی پاسخ به آن را خواهید داشت و کسی نمی‌تواند به این سؤالات به درستی خودتان پاسخ دهد.

قصد داریم پیروزی بزرگ خود بر جادوگر پلید و نیروهای او را جشن بگیریم. خود را برای جشن آماده کنید.

زنبیل خود را از هر آنچه که باعث نشاط و شادی‌تان می‌شود، پر کنید. شادی و شادمانی حق شماست. پس لحظه‌ای درنگ نکنید، همین الان لیست لحظاتی را که باعث شادی‌تان می‌شود، یادداشت کرده و میزان پایداری آن را نیز بنویسید.

لیست تمام چیزهایی که باعث شادی‌تان می‌شود:

بگو سیب

یک تمرین ساده: **هر روز به مدت ده دقیقه جلوی آینه بایستید و لبخند بزنید. جوری لبخند بزنید که گویی قرار است بهترین عکس زندگی‌تان را بگیرید. یادتان باشد که حق شماست که شاد باشید. حق‌تان را از زندگی بگیرید.**

لذت یا خوشنودی

فعالیت‌هایی که ما انجام دادن آن‌ها را بسیار دوست داریم همان خوشنودی ماست. خوشنودی شما را کاملاً درگیر خواهد کرد به گونه‌ایی که خودآگاهی خود را از دست داده و جذب آن خواهید شد.

خوشنودی با لذت متفاوت است و دوام آن نیز بیشتر است. لذات خیلی زود می‌گذرند و اثرشان هم به نسبت، زود از بین می‌رود.

لذت می‌تواند خوردن یک آیس‌پک با طعم قهوه باشد و دوام آن هم کمی بعد از اتمام آن محو خواهد شد.

اما حمایت از یک کودک بی‌سرپرست، یک خوشنودی است و مدام از این کار احساس رضایت خواهید داشت.

همان‌طور که گفتیم یک آیس‌پک قهوه، تا زمانی که می‌خورید لذتش را احساس می‌کنید و می‌توانید حس خوبی را درک کنید. اما تغییر خاصی در

شما ایجاد نمی‌کند و تأثیری در آینده شما ندارد و تنها یک حس دلخواه‌تان را به شما خواهد داد. از طرفی، خوشنودی همیشه خوشایند نیست، گاهی ممکن است همراه با عواملی استرس‌زا باشد. مثل راننده رالی که هر لحظه ممکن است دچار سانحه شود و جان خود را از دست بدهد، اما حاضر نیست این حس را با نشستن در سکوی تماشاچیان و بدون ریسک تماشا کردن مسابقه، عوض کند. شادمانی را که در این سرعت پر خطر تجربه می‌کند، با بی‌ریسکی عوض نمی‌کند.

هدف ما رسیدن به خوشنودی است و گاهی از لذت‌ها به عنوان انگیزه بهره می‌بریم. پس ما تلاش می‌کنیم تا با خوش‌بینی به خوشنودی برسیم. خوش‌بینی و امید باعث مقاومت بهتر در برابر افسردگی در مواقع برخورد با رویدادهای بد و عملکرد بهتر در کار و به ویژه مشاغل چالش برانگیز و سلامت جسمی بهتر می‌شوند.

⬅ در مواقع رویارویی با اتفاق‌های بد، این خوش‌بینی است که با تقویت امید باعث می‌شود فرد در مقابل افسردگی مقاومت بیش‌تری داشته و همچنین عملکرد بهتری در کار و شرایط چالشی داشته باشد. در ضمن در سلامت جسمی و طول عمر نیز نقش کاملاً مؤثر و مشهودی دارد.

و اما ...

خوشـحالم که توانستید مطالعه و تمرین این کتاب را با موفقیت به پایان برسانید. اکنون می‌توانید با مراجعه به سایت ما یا از طریق لینک زیر، میزان خوشنودی پایدار خود را بسنجید.

http://khoshbini.com/test5

و اما جایزه: افرادی که در این مجموعه از تست‌ها بتوانند نمره قابل قبولی بگیرند، می‌توانند با ارسال تصویر نمره که در سایت کاملاً نحوه تهیه عکس توضیح داده شـده اسـت، جایزه ویژه‌ای را از مجموعـه خوش‌بینی دریافت نمایند.

شاید این صفحه، پایان این کتاب باشد، اما پایان راه نیست. تمام راهکارها را با جدیت تمام ادامه دهید و همواره با ما باشـید تا از راهکارهای جدید باز نمانید.

به برکت حضورشان این کتاب را نوشتم:

پدر عزیز و بزرگوارم

پدری که مرا با کتاب و کتاب‌خوانی آشنا کرد، هنوز هم بوی کاغذهای کهنه و قدیمی کتاب‌هایش را حس می‌کنم. ممنونم پدرجان که همواره همچون کوه تکیه‌گاهم هستی.

مادر مهربانم

کسی که کلمات نمی‌توانند حتی ذره‌ای از محبت و ایثارش را بیان کنند.

آقای محمدپیام بهرام‌پور

استاد گران‌قدری که خالصانه و سخاوتمندانه دانش خود را در اختیار افراد می‌گذارد. فردی که به جرأت می‌توان گفت اگر در مسیر زندگی من قرار نمی‌گرفت، این کتاب به این زودی در دستان شما جای نداشت.

دوست عزیزم آقای سیدمهدی فخری

مدیر موفق خانه کیفیت ایرانیان که ارج و بهایی ویژه به آموزش در استان هرمزگان بخشیدند و همیشه حامی اساتید و دانش‌پذیران بوده و خواهند بود.

مجموعه ۱+

تمامی مجموعه ۱ + افرادی بسیار توانا و دلسوز هستند، که لازم دانستم در اینجا از تک تک این عزیزان تشکر کنم.

مجموعه بازاریابان سیمرغ عصر تجارت

یک تشکر ویژه از لیدرهای برجسته و موفق شرکت بازاریابی شبکه‌ای سیمرغ که همیشه نسبت به من لطف داشته‌اند و نمونه‌ای مثال زدنی از افرادی هدفمند و خوش‌بین هستند، داشته باشم. افرادی که می‌خواهند زندگی بهتری برای خود و دیگران بسازند.